서울법대
법학총서
24

MARKET AND
TECHNOLOGY INNOVATION

시장과 기술 혁신

정상조 지음

박영사

머리말

2024년 노벨상을 수상한 경제학자 Daron Acemoglu 교수와 James A. Robinson 교수는 "어느 국가가 실패하는가: 권력, 번영, 그리고 빈곤의 기원(Why Nations Fail: The Origins of Power, Prosperity, and Poverty)"이라는 제목의 공동저서에서 한반도에 휴전선을 사이에 두고 가장 가까이 붙어 있으면서 가장 커다란 차이를 보이는 두 종류의 경제체제를 비교분석했다. 1945년에 남북한이 분단될 당시에는 북한의 공업이 오히려 더 발전한 상태였고 남한은 주로 농업에 의존하는 산업구조로 출발했다. 소련 및 중국의 지원으로 북한은 1960년대까지 상당한 경제성장을 보여줬다. 그러나, 2023년 현재 대한민국의 1인당 GDP는 33,121달러(구매력 기준 54,033달러)로 북한보다 30배 많고, 우리나라의 기술혁신은 최상위 5위권에 속하는 높은 수준이지만 북한의 기술혁신은 최하위권으로 밀려났고, 우리나라 사람들의 평균수명은 83세로 북한 사람들보다 9년 더 오래 산다. 70여 년 사이에 '무엇이 이토록 커다란 차이를 만들어냈을까'라는 질문을 제기하면서, 노벨상을 수상한 두 명의 경제학 교수들은 권력과 번영 그리고 빈곤의 기원을 분석하고 부국강병의 방법론을 제시했다.

부국강병은 기술혁신에 의하여 이루어지고, 우리 인류의 역사는 기술혁신의 역사라고 말할 수 있다. 미국이 최고의 경제력과 군사력으로 세계를 제패하고 있는데 그 뒤에는 기술혁신이 자리 잡고 있다. 영국이 19세기에 태양이 지지 않는 대영제국을 건설한 것도 18세기부터 증기기관의 활용을 비롯한 기술혁신으로 산업혁명에 성공했기 때문이다. 조금 더 과거로 거슬러 올라가 보면 중세의 유럽은 암흑기에 경제적으로 침체되어 있었지만, 중국은 찬란한 문명과 국력을 자랑할 수 있었던 것도 당송시대에 이미 화약과 종이를 발명하고 인쇄술과 나침반을 비롯한 기술혁신에 앞서고 있었기 때문이다. 인류문명이 시작된 이집트와 메소포타미아 지역은 상대적으로 기후와 토양도 좋았지만, 기원전 25세기에 벌써 청동기와 상당한 농경기술을 확보할 수 있었기 때문에 수만 명 단위로 정착해서 생활하는 풍요로운 농경문화를 이룩할 수 있었다.

기술혁신은 백성을 사랑하는 자비로운 왕이 지시하거나 공산당이 계획해서 이뤄지지는 않는다. 지속적인 기술혁신과 부국강병은 왕의 지시나 국가의 명령이 아니라 상공업의 자유와 재산의 보호를 가능하게 해주는 안정된 시장질서의 뒷받침이 있을 때 가능한 것이다. 자유와 재산을 보호받을 수 있다고 하는 믿음과 예측가능성이 있으면 상공인들이 더 좋은 상품과 서비스를 제공하기 위하여 더 열심히 노력하고 모든 구성원들의 삶이 윤택해질 수 있다. 기술혁신으로 새로운 상품과 서비스를 제공하게 된 상공인들은 시장 점유율을 늘리면서 더 많은 수익을 올리고 소비자들은 더 좋은 상품과 서비스를 누리면 국가 전체의 총생산은 커지고, 상공인 및 소비자들의 자유와 재산을 외부 공격으로부터 지키기 위한 군사력도 강화할 수 있다. 이와 같이 자유와 재산의 보호, 기술혁신, 총생산의 증가로 이어지는 변화와 과정은 생산과 소비가 만나는 현실적인 공간 또는 개념적인 공간, 즉 '시장'에서 일어날 수 있다.

기술혁신과 부국강병은 언제나 모든 나라에서 똑같이 일어나지는 않는다. 인류 역사를 되돌아보면 나라마다 시장이 다르고, 법제도가 다르기 때문에 기술혁신의 속도와 방향도 나라마다 다르게 나타난다. 특히 르네상스가 시작되면서 15세기에는 베네치아를 비롯한 이태리 도시국가들이 유럽에서 가장 부강했지만 16세기에는 스페인, 17세기에는 네덜란드, 18세기에는 영국이 가장 부강한 나라가 되었고 19세기 이후에는 미국이 첨단기술을 선도하면서 경제적으로나 군사적으로 세계 최강의 나라가 되었다. 이러한 패권의 변화 뒤에는 바로 법제도가 자리 잡고 있다. 자유와 재산의 보호에 있어서 합리적인 법제도를 갖춘 나라에서 효율적인 시장이 발전하고 기술혁신이 촉진되면서 경제력과 군사력을 갖추게 된다.

21세기 대한민국이 부국강병을 이룩하려면 어떻게 첨단기술을 확보하고 어떻게 법제도를 개선해야 할까? 시장의 역사를 살펴보고, 각 시대 각 국가의 시장질서에 따라서 기술혁신과 부국강병이 좌우된다는 점을 확인할 수 있다면 우리나라가 취해야 할 정답이 나올 것이다. 최근에 모두 한결같이 인공지능 기술이 관련 시장과 우리 삶에 미치는 영향이 막대하다고 말한다. 우리가 어떠한 법제도와 어떠한 시장질서를 선택하는지에 따라 인공지능 기술의 발전뿐만 아니라 대한민국의 경제적, 군사적 지위가 크게 달라질 것이다. 이 책은 시장과 기술혁신 그리고 법제도가 서로 영향을 미친다고 하는 사실을 재확인하면서 독자들과 함께 우리의 법제도와 시장질서의 선택에 관한 고민을 함께 나누기 위하여 집필한 것이다. 독자 여러분의 관심과 피드백을 부탁드리고 독자 여러분의 질책과 조언을 받아서 계속 이야기를 발전시켜 나갈 것을 약속드린다.

2025년 7월

정상조

차례

01 CHAPTER

역사 속의 시장

CHAPTER 01

역사 속의 시장

시장이 경제를 좌우한다. 시장의 규모가 작으면 노동의 분업을 기대할 수 없고 그 구성원들은 전문성을 키울수 없다. 18세기 영국의 스코틀랜드가 노동의 분업이나 기술의 혁신에 있어서 뒤쳐진 이유에 대하여, 애덤 스미스는 『국부론』에서 스코틀랜드는 모든 사람들이 농부이면서 동시에 쇠고기 만드는 백정이고 빵 굽는 제빵 장인이고 커피 내리는 바리스타가 되어야 하는 자급자족 경제이기 때문이라고 지적하였다.[1]

애덤 스미스의 『국부론』이 출판된 18세기 중엽 동아시아 한반도에 있는 조선의 경제는 스코틀랜드의 자급자족 경제보다 더 심각했다. 유교 이념으로 인하여 상공업이 천시되고 쇄국정책으로 조선의 시장은 발달할 수 없었기 때문에, 농부들은 가족과 함께 논밭을 경작할 뿐만 아니라 돼지도 기르고 농한기에 베짜고 옷 만드는 일까지 해야 했다. 17세기에 일본의 에도막부는 쇄국정책을 펴면서도 나가사키에 인공섬 '데지마(出島)'를 만들고 그곳에 네덜란드 사람

1 Adam Smith, An Inquiry into the Nature and Causes of the Wealth of Nations (The Modern Library edition edited by Edwin Cannan, Random House, 1937), at 17.

들이 체류하게 하면서 네덜란드의 총기류를 수입하고 과학기술과 의학을 비롯한 네덜란드(和蘭)의 학문 즉 '난학(蘭学)'을 배워서 나가사키 조선소를 만들고 기술혁신의 밑거름으로 삼았다. 네덜란드를 비롯한 서양 열강은 신항로를 개척하면서 시장의 규모를 국제적으로 확대하고 있을 당시에, 조선의 왕실과 사대부는 정반대로 쇄국정책과 시장규제로 상공업의 발전을 가로막고 있었다. 19세기 중반 조선을 찾은 프랑스의 달레 신부는 "조선의 포목이 변변치 않은 것은 모든 백성이 포목을 만들지만 모두가 수준 낮은 장인에 불과하기 때문이다. 오늘이 어제보다 더 진보되어 있는 건 없고, 모든 기술과 수공업이 다시 시작된 노아의 홍수 이튿날에 비해 더 진보되어 있는 것도 없다."라고 조선의 문제점을 지적한 바 있다.[2]

스코틀랜드 산악지역이나 폐쇄적인 조선과 정반대로 시장의 규모가 크고 관련 제도가 합리적인 지역에서는 상공인들이 돈을 벌기 위하여 더 좋은 제품을 만들어서 더 낮은 가격으로 팔기 위한 경쟁을 할 수 있다. 시장에서의 경쟁은 소비자들에게 더 많은 고기와 더 좋은 옷을 만들어줄 뿐 아니라 기술혁신으로 사회 전체의 총생산이 늘어날 수 있게 해준다. 부국강병은 비옥한 토지라거나 금은보화로 만들어지는 것이 아니라 시장의 발달과 노동의 분업에 의해서 이루어진다. 영국은 프랑스처럼 비옥한 토지를 갖고 있지도 않고 스페인처럼 식민지에서 약탈해온 금은보화가 많은 것도 아니었다. 그러나 영국은 명예혁명을 거치면서 유럽대륙에 비하여 훨씬 일찍부터 절대왕권을 제한하는 대신에 귀족과 시민의 자유와 재산을 보호하기 시작했고 귀족을 비롯한 신흥상공인들이 시장에서 경

---

2 샤를르 달레, 『조선교회사』 (정기수 번역, 탐구당, 2015), 267쪽.

쟁하고 돈을 벌 수 있는 제도를 마련했다. 르네상스 그리고 그 이후 과학기술은 영국에서보다 유럽대륙에서 먼저 발전했다. 그러나, 상공인들이 경쟁적으로 기술혁신을 통하여 산업혁명을 하기 시작한 것은 영국이 유럽대륙보다 50년 이상 앞설 수 있었다. 애덤 스미스는 영국에서 산업혁명이 본격적으로 태동하는 바로 그때, 시장이 발달하고 규모가 커지면 노동의 분업과 기술혁신이 일어나고 국부가 증가한다고 설파한 것이다.

시장의 탄생

애덤 스미스는 18세기의 유럽 각지를 여행하고 관찰한 후 저술한 자신의 저서『국부론』에서 시장의 중요성을 지적했다. 그러나 시장의 중요성이 18세기 유럽에서 갑자기 나타난 현상은 아니다. 고대문명에서부터 현재에 이르기까지 우리 인류의 역사를 보면 시장이 발달한 지역에서 과학기술이 발전하고 거대한 문명이 나타난 일관된 현상을 볼 수 있다. 우리 인류는 6만 년 전 아프리카를 벗어나서 각 대륙으로 이동해가면서 수렵생활을 하다가 커다란 강을 중심으로 곡식을 재배하면서 정착생활을 하게 되었지만, 시장이 발달하고 기술혁신과 부국강병을 이룩한 곳은 많지 않다. 강물과 비옥한 토지는 자연적으로 주어진 것이지만, 시장은 인위적으로 만든 것이기 때문에 시대마다 지역마다 시장의 발달 또는 퇴보는 다양한 모습을 보인다. 시장에서의 자유경쟁, 기술혁신, 소비자보호(정보의 진실성 등)는 저절로 주어지는 것이 아니고 특정 시대 특정 지역의 사람들이 만든 법제도와 질서에 의하여 좌우되기 때문이다. 고대사회에서 가장 먼저 비교적 합리적이고 효율적인 법제도와 시장 질서를 만든 지역은 메소포타미아였다.

해상운송과 국제교역이 왕성하며 계약의 집행과 재산의 보호에 관한 규범을 확립해서 시장을 발달시키고 인류 최초의 거대한 문명을 이룩한 곳은 메소포타미아(Mesopotamia) 지역이다. 메소포타미아는 티그리스(Tigris)와 유프라테스(Euphrates) 강으로 둘러싸여 있어서 농사에 비옥한 토지를 갖추고 있을 뿐만 아니라 국제교역에 가장 유리한 조건을 갖추고 있었다. 메소포타미아 지역에 온 사람들은 비옥한 토지 위에서 야생식물을 재배가능한 식물로 개량할 수 있었고, 야생동물을 가축으로 길들이고 물레를 개발해서 옷감도 만들기 시작했다. 기술의 발전과 더불어 잉여 농산물와 직물 등의 생산물을 다른 지역으로 가져가서 팔기 위하여 바퀴달린 운송수단을 발명하고 바다 건너 해상교역을 하기 위하여 바지선과 돛달린 범선까지 개발했다.[3] 메소포타미아 상인들은 육상운송으로 이집트에서 금은보화를 수입하고 해상운송으로 인도에서 진주와 상아 등을 수입했다. 잉여산물의 교환, 생산물 증가를 위한 경쟁, 산물의 증가와 교환 규모의 확대, 기술발전과 경제적 풍요, 생산과 수요가 만나는 시장의 발달로 선순환의 고리를 만들면서 인류 최초의 시장과 메소포타미아 문명은 탄생했다.

시장과 상거래의 활성화로 인하여 농사, 직물 생산, 물레, 마차, 선박 제조, 육상 및 해상 교역 등과 같이 노동의 분업이 일어나고

---

3 기원전 3000년 내지 2500년 해상교역의 현장이었을 것을 추측되는 인도 서북구 Harrappan 항구에는 흘수(draught) 2.5미터까지 되는 상당한 규모의 선박이 정박할 수 있는 선착장이 아주 정교한 모습의 유적으로 남아 있다: S.R. Rao, Shipping and Maritime Trade of the Indus People, Expedition Magazine 7, no. 3 (May, 1965).

기술혁신과 총생산 증가 그리고 고대문명의 발달이 가능했다. 시장에서의 상거래는 필연적으로 정보교환과 효율적인 소통을 필요로 한다. 기원전 3500년 전에 인류 최초의 문자라고 볼 수 있는 쐐기문자(cuneiform)가 탄생한 배경이다. 또한 시장에서의 상거래는 상인 뿐만 아니라 투자자, 보증인, 운송인, 카라반 리더, 일꾼들에 이르기까지 수많은 사람들의 경쟁과 협력 그리고 각종 기록과 합의(계약)를 필요로 한다. 메소포타미아 문명을 보면, 시장은 합리적인 제도와 질서에 의하여 뒷받침될 때에만 가능하고 발전할 수 있다는 것을 알 수 있다. 시장은 밀림과 같은 자연상태에서 저절로 탄생한 것이 아니라 구성원들의 자유와 재산을 보호하기 위한 제도와 질서에 의하여 만들어진 것이다.

쐐기문자의 사용과 더불어 재산에 관한 관습이나 계약에 관한 규범이 형성되기 시작했을 것으로 추측된다. 기원전 1755년경에 2.25미터 높이의 현무암에 쐐기문자를 새겨서 만든 함무라비(Hammurabi) 법전은 메소포타미아 시대의 법규범으로서 가장 상세하고 가장 체계적이고 가장 잘 보존된 것이다. 혼인 및 가족관계에 관한 규정은 그 당시 사회를 그대로 반영하고 있고, 형벌에 관한 규정은 "눈에는 눈"으로 응징하는 원시적인 처벌을 기본으로 한다. 예컨대, 아들이 아버지를 때리면 아들의 손을 잘라내고, 타인의 눈을 멀게하면 그 범인의 눈알을 빼내고, 타인의 뼈를 부러뜨리면 그 범인의 뼈를 부러뜨린다. 재산범죄에 대하여도 아주 가혹한 처벌을 규정하고 있다. 가축을 훔친 자는 그 10배를 배상해야 하고 배상할 수 없으면 사형에 처한다. 노예를 훔치거나 도피 중인 노예를 은닉한 자, 강도 또는 주거침입을 한 자도 사형에 처한다.

함무라비 법전은 경제활동에 중요한 계약의 존중 그리고 금전 관계에 관한 상세한 규정을 두고 있다. 상인/투자가와 무역상 사이의 계약에서 손실 내지 위험은 무역상이 부담하는 것을 원칙으로 하고, 돈을 빌린 후 빚을 갚지 못한 사람이 자신과 아내, 아들, 딸을 팔아서 강제 노동을 하기로 한 경우에는 그 사람의 집에서 3년 동안 일한 후에 석방되고, 빚을 갚지 못한 사람이 가족 대신 노예를 매도할 수도 있는데 여자노예가 채권자의 자식을 낳아준 경우에는 채무면제와 동시에 그 여자노예는 해방된다.[4]

법전 서문(prologue)은 바빌로니아 하늘의 신께서 함무라비 왕을 선택하고 왕에게 통치권을 부여하여, 함무라비 왕은 강자로부터 약자를 보호하는 양치기(shepherd)와 같은 보호자로서 진실과 정의를 확립해야 하는 신의 요구를 이행한다고 서술하고 있다. 함무라비 왕은 전제군주로서 노예제도를 인정하고 여성을 차별취급하는 것을 진실과 정의라고 보았지만, 동시에 재산의 보호와 계약의 존중에 관한 확실한 규범을 집행했고 점토판 문서 및 증인의 사용에 의한 합리적인 분쟁해결절차를 확립했다.[5] 함무라비 법전으로 확인해볼 수 있는 재산의 보호와 계약의 존중 및 분쟁해결절차는 그 당시로서는 가장 합리적이고 가장 효율적인 법제도에 해당한다. 재산과 계약의 보호에 관한 법제도는 시장에서의 자유로운 경쟁 그리고 상공인들의 노력을 촉진하는 인센티브가 되고 그러한 노력에 적

4 The Code of Hammurabi, No. 117-119. https://avalon.law.yale.edu/ancient/hamframe.asp

5 Arslan Butt, Pakeeza Tabassum, Farhat Saeed Imran, Exploring The Mesopotamian Trade (C.6000-539 Bce): Types, Organization, And Expansion, 20 Palarch's Journal of Archaeology of Egypt/Egyptology (2023) 241-261.

절한 보상을 받을 수 있는 시장질서를 만들어주기에 충분했다. 함무라비 법전이 거래의 자유와 재산의 보호라고 하는 기본적인 질서를 뒷받침해준 '시장'의 탄생을 가능하게 만든 것이다.

애덤 스미스의 『국부론』이 나오기 4천 년 전, 메소포타미아 문명은 시장의 발달이 노동의 분업과 기술의 혁신 그리고 국부의 증가를 가져다준다는 것을 입증한 셈이다. 이집트, 인도, 중국의 고대 문명도 각각 나일강, 인더스강, 황하강을 중심으로 시장이 발달하면서 노동의 분업과 기술의 혁신을 이룩했다. 메소포타미아 문명의 영향을 받은 고대 그리스의 도시국가들도 지중해를 중심으로 활발한 교역과 해상운송으로 거대한 부와 문화를 만들고 서양문명의 기원이 되었다. 고대 그리스의 무역상들이 지중해에 남겨놓은 40여 척의 난파선이 그 당시 활발한 해상교역의 규모를 잘 보여준다.[6]

서양의 자본주의 시장

고대 그리스에서 시장이 발달한 것은 메소포타미아 지역에서 가깝고 지중해 연안에 위치한 지리적 장점만으로 이루어진 것은 아니다. 고대 그리스의 도시국가들은 다른 지역과 달리 자유인들의 경제활동의 자유를 인정하고 그 결과 축적한 재산을 보호했을 뿐만 아니라 제한된 범위에서나마 정치적 자유를 인정하는 귀족주의적 민주주의제도를 채택했다. 고대 그리스는 군주 대신 통치권자 아

6 Ian Morris, Economic Growth in Ancient Greece, 160 Journal of Institutional and Theoretical Economics (2004) 709-742.

르콘(archon)을 선출하기 시작했고, 기원전 600년 아르콘으로 선출된 '솔론(Solon)'은 모든 자유인들이 자유로운 경제활동으로 돈을 벌 수 있도록 하고 각자 보유한 토지와 소득을 기준으로 4가지 계급으로 분류했다. 솔론은 공직의 세습제를 폐지하고 일정 수준 이상의 부자계급이라면 공직에 취임할 수 있는 자격을 부여하며, 400명으로 구성된 평의회가 의회에 안건을 상정할 수 있게 했다. 솔론의 개혁으로 만들어진 고대 그리스 제도는 재산을 기준으로 자유인들의 계급을 정하고 가장 부유한 귀족계급만 아르콘이 될 수 있다는 점에서 한계가 있지만 메소포타미아 문명과 달리 자유인들의 자유와 계급 상승 그리고 여론수렴의 가능성을 인정한 민주적인 제도라고 말할 수 있다. 가장 가난한 계급의 자유인들은 공직을 맡을 수도 없고 배심재판의 판사가 될 수도 없지만 최소한 배심재판에 배심원으로 참여할 수 있는 자격을 갖고 있었다. 고대 그리스는 함무라비 법전처럼 문서화된 규범 대신에 배심재판의 공정한 절차를 통하여 계약의 자유 및 재산의 보호 그리고 효율적인 시장질서를 확립할 수 있었다. 재산이 권력을 뜻하며, 부자가 되기 위한 노력과 경쟁을 허용하고, 그 과정에서 필요한 계약과 재산을 보호해줌으로써 노력과 경쟁을 부추기고, 경쟁적인 노력이 적절히 보상받을 수 있는 시장이 발달하였으며, 재산과 권력의 지속적인 증대를 위하여 효율적인 시장질서를 구축하면서 그리스는 고대문명의 절정을 만들었다. 고대 그리스 문명과 로마 문명은 재산이 목소리를 내고 그 목소리가 민주주의 및 시장질서를 주도해나간다는 점에서 오늘날의 자본주의 시장의 기원이 되었다고 말할 수 있다. 시장경제가 민주주의를 만들고 발전시킨 일등공신임을 보여준 것이다.

고대문명에서의 귀족적 민주주의와 효율적인 시장질서는 로마에서 그 절정을 이룬다. 고대 로마 도시의 왕정은 기원전 753년에 시작된 것으로 알려지고 있지만, 타르퀸(Lucius Tarquinius Superbus)이 전임 왕와 자신의 부인 그리고 친형을 살해하고 왕위를 찬탈해서 20여 년간 폭정을 계속했고 그 아들이 귀부인을 강간하여 귀족들의 불만이 커졌다. 기원전 509년 귀족들은 타르퀸 왕을 축출하고 집정관(Consul)을 선출하여 고대 로마 공화정을 시작했다. 로마 공화정은 최고의 권한을 가진 집정관, 귀족(patriarchs)들로 구성된 원로원, 평민(plebeians)들로 구성된 민회가 권력을 나눠갖고 상호견제할 수 있는 정치체제였다. 소수의 귀족들이 사실상 권력을 공유하는 과두정치에 해당하지만, 군주의 1인 독재 대신에 귀족들이 집단적으로 정치 및 경제질서를 만들어나갈 수 있었기 때문에 전체의 이익을 극대화할 수 있었다. 평민들도 호민관(Tribunus Plebis)을 선출해서 자신들의 생명과 재산을 보호받을 수 있는 제도를 만들었고, 점진적으로 세력을 키워서 정무관으로 선출되고 원로원에 참여하는 신분 상승의 꿈을 갖고 경제활동에 전념할 수 있었다.

고대 로마는 재산에 따라서 정해진 계급사회였다. 원로원 귀족은 제일 많은 재산을 보유하고 있고, 평민을 대리인으로 하여 무역 또는 금융으로 더욱 더 많은 부를 축적할 수 있었다. 그 다음으로 부유한 '기사(Equite)'는 귀족과 평민 가운데 군마, 갑옷, 무기를 제공할 수 있는 계급으로 막강한 힘을 가진 무역상이다. 그 다음으로 부유한 제1계급은 갑옷과 무기를 제공할 수 있는 계급이며, 재산 정도에 따라 제5계급까지 나뉘고 자식 이외에 아무런 재산도 갖고 있지 못한 '프롤레타리아(Proletariate)'는 갑옷도 무기도 제공할 의무가 없고 군복무할 자격도 없다. 프롤레타리아는 노예 바로 위의 계급이지만 프롤레타리아도 경제활동을 해서 재산을 모으면 신분 상승의 기회를 갖는다. 상당수의 평민들은 무역 또는 금융으로 많은 부를 축적했고, 감찰관(Censor)은 5년마다 모든 자유인의 재산을 조사해서 원로원 귀족부터 프롤레타리아에 이르기까지 계급을 재조정한다.

로마 공화정은 제한된 범위에서나마 정치적 자유를 인정하고 민주주의를 실현했을 뿐만 아니라 성문화된 법제도에 의하여 경제적 자유를 인정하고 철저히 재산의 보호를 실현했다는 점에서 고대문명의 절정을 보여주었다. 로마 최초의 성문법에 해당하는 12표법이 갑자기 탄생한 것은 아니고 기존의 관행과 분쟁해결사례 그리고 학설 등이 축적되어서 성문화된 것이며 12표법 이후에도 더욱 상세하고 더욱 합리적인 규범으로 발전해나간다. 12표법이 공표되기 이전에 평민들은 채권의 엄격한 집행과 그 기준의 불투명성에 대하여 많은 불만을 제기했다. 12표법은 그러한 평민들의 요구를 반영하고 기존의 사법적인 법제도를 합리적으로 정리하여 기원전 451년 12개의 동판에 새겨서 로마 광장(The Great Forum)에 공표한 것이다. 12표법은 개인 간의 분쟁을 해결하고 권리를 집행하는 절차로부터 시작하여 가족과 상속 그리고 재산권과 불법행위에 이르는 사법 규정들을 포함하고 있다. 12표법은 귀족이든 평민이든 로마의 모든 사람들을 구속한다는 점에서 평등을 기본 전제로 삼고 자유로운 경제활동의 결과 각자 보유한 재산을 보호해준다. 상해나 절도 또는 재물손괴에 대하여 사적인 복수 대신에 일정한 금액의 손해배상을 청구하는 원칙을 확립한 것은[7] 근대적 법제도와 마찬가지로 자유로운 경제활동을 촉진하는 의미를 가진다. 고대 로

7 최병조, 12표법(대역), 서울대학교 법학 (제32권, 1991), 158쪽.

마의 합리적인 법제도가 효율적인 시장질서를 만들고 로마 황금기(Pax Romana)의 밑거름이 되었다.

황금기를 이룬 고대 로마는 유럽대륙과 페르시아에 이르는 방대한 영토를 확보하고 5천5백만 명의 인구로 전세계 인구의 20%에 해당하는 거대한 제국이 되었다.[8] 현재 중국의 14억 인구가 전세계 인구 82억의 17%에 해당한다는 점을 생각해보면 고대 로마의 규모를 쉽게 짐작할 수 있다. 고대 로마는 농업사회에서 출발했지만 로마로 모여든 많은 사람들은 농업 이외의 다양한 직종에서 전문가로서 치열한 경쟁을 통해 새로운 이론과 기술을 개발했다. 애덤 스미스가 지적한 바와 같이, 시장의 발달로 인하여 고대 로마에서의 노동의 분업과 기술의 혁신은 다른 어떠한 지역과도 비교할 수 없을 정도로 높은 수준으로 발전했다. 예컨대, 고대 로마에는 농부나 어부와 같은 직업에 그치지 않고 상인도 소금, 올리브, 가축과 같이 다양한 상품별로 전문화되었으며, 소매상, 무역상, 운송인(Navicularii) 등 단계별로 세분화된 직업들이 있었고, 기술직에 있어서도 대장장이, 금세공인, 의사와 같이 200여 가지의 다양한 직업들이 있었다.

직물산업에 있어서도, 실을 뽑아내는 방적공, 실로 옷감을 짜는 방직공, 옷감에 물감을 들이는 염색공, 옷감이나 옷을 세탁하고 마무리작업을 하는 세탁공(fullones), 옷을 만들고 파는 의류업자 등으로 세분화되어 있었을 뿐만 아니라 이들 직업에 종사하는 사람들이 조합(collegia)을 조직해서 직업적 이익의 보호를 위한 단체행동과

8 Raymond W. Goldsmith, An Estimate of the Size And Structure of the National Product of the Early Roman Empire, 30 Review of Income and Wealth 263 (September 1984).

정치적 활동을 하기도 했다. '모든 길은 로마로 통한다'고 말할 정도로 고대 로마는 도로 건설을 비롯한 교량, 수로, 건축물 등의 건설에 탁월한 기술을 보여주었는데, 건설산업에 석공과 목수 그리고 노예 노동자뿐만 아니라 건축가와 엔지니어와 같은 전문가들이 있었기 때문에 가능했다. 고대 로마의 엔지니어들이 기원전 3세기 후반에 화산재 및 석회 등을 섞어서 '로마 콘크리트(opus caementicium)'를 개발해서 건축에 활용했는데, 로마 콘크리트는 과학기술이 발전한 산업혁명시대에도 모방하기 어려운 기술이었다. 또한, 고대 로마는 금은과 같은 귀금속뿐만 아니라 구리와 철생산에 있어서도 다른 지역과 비교할 수 없을 정도로 많은 생산량을 자랑할 수 있었는데,[9] 로마의 엔지니어들은 그리스 수학자 아르키메데스(Archimedes)가 기원전 234년에 고안한 스크류를 활용하고 스스로 수압 채굴기술을 개발해서 활용했다. 시장의 수요와 법제도의 뒷받침으로 고대 로마의 상공인들이 치열한 경쟁과 기술혁신을 해서 팍스로마나를 이룰 수 있었던 것이다.

유명한 영화 '글래디에이터(Gladiator)'에 등장하는 로마 황제 코모두스(Commodus)의 폭정과 함께 팍스로마나는 끝나고 476년에 서로마제국이 멸망하면서 고대 로마의 합리적인 법제도와 생산적인 시장은 멈춰 섰다. 로마제국이 왜 멸망했는지에 대하여는 많은 학설이 있지만, 로마의 법제도와 시장 대신에 봉건적인 제도와 장원경제가 자리잡으면서 중세 유럽의 기술혁신은 정체되고 문화적, 경제적 암흑기가 시작되었다는 점은 명백하다.

---

9 Andrew Wilson, Machines, Power and the Ancient Economy, 92 The Journal of Roman Studies (2002) pp. 1-32.

중세 유럽은 로마법 대신에 기독교 교리가 지배하는 사회로 고리대금업을 금지하고 금융과 상업에 의한 영리추구를 위축시켰다. 또한 중세 유럽은 다수의 영주들이 평민/농노(Serfs)들과 함께 장원(Manor) 내에서 자급자족하는 폐쇄적인 장원경제를 토대로 하기 때문에 시장의 규모는 대폭 축소되고 아라비아 반도, 페르시아, 북아프리카까지 정통 칼리파 및 이슬람 왕조의 지배를 받게 되어서 유럽 상인들의 국제교역은 거의 불가능했다. 로마제국이 멸망한 이후 십자군(Crusades) 전쟁으로 동방 무역이 활성화되기 이전까지 약 700년간의 중세 유럽은 상공업과 과학기술이 낙후된 지역으로 머물렀다.

비단길과 동양의 황금기

중세시대에 들어와서 유럽의 무역활동은 위축된 반면에 중국은 '비단길(Silk Routes)'을 활용하여 시장의 규모를 확장했다. 비단길은 기원전 2세기에 한나라의 중앙아시아 정복과 더불어 비단길이 활성화되었고, 로마제국이 중동과 페르시아 점령으로 로마 무역상들이 많이 활용하고 6세기에는 동로마제국의 유스티니아누스 황제가 파견한 수도승도 비단길을 따라 중국에 가서 누에알을 훔쳐와 비단 생산을 시도하기도 한 것으로 알려져 있다.[10] 639년 당태종이 중앙아시아를 정복하면서 다시 비단길을 개통한 이후 약 4세기에

10 https://web.archive.org/web/20130906212218/https://www.livius.org/sh-si/silk_road/silk_road.html.

걸쳐 당송시대 상공업의 활성화 그리고 군사력의 강화에 크게 기여했다. 티베트의 공격으로 인해 간헐적으로 비단길이 폐쇄되기도 했지만 당나라 군대가 다시 비단길을 회복했다. 중국의 왕서방들은 비단길뿐만 아니라 해상 항로를 개척하여 페르시아만과 홍해까지 진출하면서 왕성한 교역을 펼쳤다. 중국이 개척한 비단길은 통일신라의 상공업 활성화에도 기여했다. 군인이자 상인 장보고의 활동과 당나라 동쪽 연안의 신라방 설치로 통일신라의 시장규모가 국제적으로 확대되고 상공업이 더욱 발전할 수 있었다. 육상과 해상의 비단길로 만들어진 거대한 시장의 발달로 중국, 한반도, 일본에 이르는 동양 전체의 황금기가 만들어진 셈이다.

비단길을 통한 시장경제의 발달로 당나라의 수도 장안(长安)은 전세계의 상품과 정보가 모이고 유통되는 국제도시가 되었다.[11] 장안의 당시 인구가 100만 명에 달했는데, 그 당시 전 세계 인류가 2억 명이고 영국의 총인구가 200만 명에 불과했던 점을 생각해보면 장안은 세계 최대의 국제도시였다.[12] 장안에는 장사의 달인 왕서방뿐만 아니라 당나라의 뛰어난 과학기술자들과 서역의 상인과 학자들이 모여들어 아이디어와 정보를 교환하고, 불교뿐만 아니라 조로아스터교, 기독교, 마니교가 평화롭게 공존했다.[13] 장안에서 종교

---

11 Alain George, Direct Sea Trade Between Early Islamic Iraq and Tang China: from the Exchange of Goods to the Transmission of Ideas, Journal of Royal Asiatic Society, Series 3, 25, 4 (2015), at 589.

12 Alain George, "Direct Sea Trade Between Early Islamic Iraq and Tang China: from the Exchange of Goods to the Transmission of Ideas," *Journal of Royal Asiatic Society*, Series 3, 25, 4 (2015), p. 589. Angus Maddison, *The World Economy: Historical Statistics* (OECD Development Centre, 2004), p. 242.

13 조지프 니덤, "중국의 과학과 문명" (Joseph Needham, "Science and Civilization in China," 김영식, 김제란 옮김, 까치, 1998), 68쪽.

의 자유와 상공업의 자유가 인정되고 재산의 보호와 질서 유지의 뒷받침이 있었기 때문에 거대한 국제시장이 형성되고 치열한 경쟁과 적절한 보상으로 뛰어난 발명과 기술혁신의 산실이 될 수 있었다.

인류 문명의 기초가 된 종이는 기원전 2세기경 한나라 채륜(蔡伦)이 발명했고 당나라의 제지기술은 비약적으로 발전했다. 751년 당나라와 전투를 하던 이슬람군은 중국의 제지공들을 포로로 잡아가 아랍에서 종이 제조를 시작했고, 중동과 유럽 지역에서도 파피루스나 양피지 대신 중국식 종이를 생산·공급하기 시작한 계기를 마련했다.[14] 당나라의 기술혁신으로 종이의 품질과 생산기술이 대폭 개량되어 문방구뿐만 아니라 화장지나 중국 차 포장지로도 널리 활용되었다. 종이 생산이 증가하면 정보의 생산 및 유통도 증가한다. 세계 최초의 목판인쇄술로 650년에 다라니경이 그리고 868년에 금강경이 출간되었고, 비단길의 관문도시 돈황(敦煌)의 막고굴(莫高窟)에서는 700년경 제작된 별자리 지도가 발굴되어 비단길의 활용에 필요한 과학기술의 발전이 이루어졌음을 알 수 있다. 육상 및 해상 운송에 방향이 중요했기 때문에 남쪽을 가리키는 '지남(司南)철' 성분의 돌을 활용하여 남침반을 제작하는 기술도 발전했다. 850년경 불로장생 묘약을 연구하던 당나라 연금술사에 의해 인류 최초로 화약이 발명되었고,[15] 송나라에 와서 화약을 쇠덩어리 속에 넣은 폭탄이 개발되었다.

비단길을 활용한 거대한 규모의 시장은 상공인들의 치열한 경쟁, 상공업의 발전, 경제적 풍요와 군사력 강화를 가져다 주었다.

---

14 재레드 다이아몬드, 앞의 책, 372쪽.

15 Ian Morris, 앞의 책, 375쪽.

이모작 기술, 잉어 양식, 돼지 사육, 신약 개발 등의 기술혁신으로 새로운 상품을 시장에 내놓은 사람들은 엄청난 부를 축적했고, 견직물 생산으로 청두(成都), 한지 생산으로 후이저우(徽州), 그리고 목판인쇄로 항저우(杭州) 지역 등이 크게 발전했다.[16] 11세기 중국의 국내총생산(GDP)이 세계총생산에서 차지하는 비중은 22.7%를 차지하는 데 반하여 서구와 북구 유럽 전체의 국내총생산의 비중은 불과 8.7%에 불과했다.[17] 베네치아의 상인 겸 탐험가 마르코 폴로(Marco Polo)는 그의 여행기 『동방견문록』[18]에서 동양의 신비로운 문화와 화려한 삶에 감탄하면서 상세한 소개를 하기도 했다.[19] 그 당시 중국을 방문했던 서역 상인들의 기록에 따르면, 행정이 비교적 공정하고 국고의 지원으로 이루어지는 공교육이 체계적으로 잘 제공되고 있었던 것으로 보인다.[20] 중세 유럽과 달리 중국은 일찍부터 우수한 관료를 선발해서 중앙집권적 통치조직을 갖추었다. 훌륭한 군주가 뛰어난 장인이나 기술자에게 공직을 맡기거나 전답, 비단, 비싼 말이나 은그릇 등의 하사품을 제공하면서 상공업의 발전을

---

16 陆游集·云仙杂记·清异录·类说, 刘尚希·韩凤芹·史卫, 「唐宋科技繁荣: 政府行为与创新环境」, 第31页.

17 Angus Maddison, The World Economy: Historical Statistics (OECD Development Centre, 2004), at 261.

18 『동방견문록』은 마르코 폴로가 아시아 특히 중국까지 여행하고 돌아온 뒤 옥사를 치르면서 동료 죄수에게 이야기했고 동료 죄수이면서 로맨스 작가였던 루스티켈로 다 피사(Rustichello da Pisa)가 집필해서 완성한 여행기이다.

19 마르코 폴로의 부친은 5년 전 북경에 가서 원나라 세조를 만난 바 있고, 마르코 폴로는 그 부친 및 삼촌과 함께 1271년에 출발한 후 비단길을 따라 원나라에 도착했고 원나라의 공직까지 맡고 24년간 중국은 물론 아시아의 많은 지역을 방문한 후 1300년경 『동방견문록』을 저술했다.

20 Alain George, "Direct Sea Trade Between Early Islamic Iraq and Tang China: from the Exchange of Goods to the Transmission of Ideas," Journal of the Royal Asiatic Society, Volume 25, Issue 4 (October 2015), p. 599.

촉진했기 때문이라고 보는 견해도 있다.[21]

중세 중국이 찬란한 문명을 이루고 기술혁신을 주도할 수 있었던 것은 군주나 관료조직의 우수성 또는 공교육뿐만 아니라 비교적 자유롭고 효율적인 시장질서가 있었기 때문이다. 중세 중국은 다양한 종교에 관대하고 자유와 재산을 보호함으로써 시장에서의 경쟁, 상공업의 발달 그리고 부국강병을 이룰 수 있었다. 그러나, 15세기 이후 중국에는 중앙집권적인 관료제와 공교육 제도 그리고 훌륭한 군주도 있었지만, 시장의 기능을 무시하는 이념과 제도를 채택하면서 서서히 상공업은 정체되기 시작한다. 명나라는 유교이념을 강화하면서 농업을 중시하고 상공업을 천시했을 뿐만 아니라 왕권에 대한 도전이 될지 모를 무역상들의 세력을 견제하기 위하여 쇄국정책을 채택하면서 시장은 위축되기 시작했다. 청나라도 상공업 천시와 쇄국정책을 그대로 이어받았고 결국 망국의 운명을 맞이했다.

변방의 자유

중세 유럽은 농업 중심으로 자급자족하는 장원경제였지만 1095년에 시작된 십자군(Crusades) 전쟁을 계기로 다시 상공업 활동이 활발해진다. 중세 유럽이 500년간의 긴 잠에서 깨어나는 순간이다. 서부 및 북부 유럽에서 출발한 십자군이 예루살렘 성지까지 진출하면서 동방의 향신료, 비단, 도자기와 같은 새로운 상품을 접했

---

21 刘尚希·韩凤芹·史卫,「唐宋科技繁荣: 政府行为与创新环境」, 第29页.

고, 지중해를 통한 무역과 문화 교류가 증가하면서 유럽대륙은 고립에서 벗어나기 시작했다. 또한 베니스와 제노바와 같은 도시들이 지중해 무역항로의 거점이 되었기 때문에, 이태리에는 무역으로 부를 축적하고 전쟁에 자금을 조달하면서 막강한 경제력과 영향력을 갖게 된 거부들이 많이 등장했다.[22] 유럽대륙에서는 많은 영주들이 십자군 전쟁에 필요한 자금을 조달하기 위하여 토지를 매각하고 상당한 경제력을 잃게 된 반면에 군주들은 인두세(Poll tax)를 신설하여 재정을 강화할 수 있게 되었다. 이태리 북부 도시들은 활발한 상공업 활동으로 경제력을 갖게 된 상공인들이 상공인들을 위한 상공인들의 도시국가로 변화시켰다.

중세말 이태리의 도시국가들이 상공업으로 부강해질 수 있었던 것은 지중해 무역의 거점이라고 하는 지리적 장점도 있지만 동시에 최대한으로 '유럽 변방의 자유'를 주장하고 활용할 수 있었기 때문이다. 고대의 찬란한 문명과 함께 유럽의 중심이었던 로마는 제국의 몰락 이후 중세시대에는 알프스 산맥으로 가려진 유럽 변방에 불과했다. 그러나, 역설적으로 이태리반도는 유럽의 변방에 불과했기 때문에 오히려 자치권을 쟁취하고 상공업 활동을 하는 데 유리했다. 12세기 중반에 신성로마제국의 프리드리히 1세가 이태리를 직접 지배하려고 여러 차례 공격을 했지만, 밀라노(Milan)를 비롯한 이태리반도의 북부 도시들은 롬바르디아 동맹(Lombard League)을 결성해서 저항했고 마침내 1176년 신성로마제국을 물리침으로써 도시국가로서의 자치권을 쟁취했다. 이태리 북부의 도시들은 알프스

22 Lisa Blaydes and Christopher Paik, The Impact of Holy Land Crusades on State Formation: War Mobilization, Trade Integration and Political Development in Medieval Europe (Stanford, 2015), p. 10.

산맥의 방어벽 지리적 장점으로 자치권을 쟁취할 수 있었고, 로마 공화정의 전통을 이어받은 도시국가들은 세습제 군주 대신에 선출직 지도자(Doge/Duke)와 행정관(Podesta/Rector)을 채택했다.

베니스공화국을 비롯한 도시국가들은 일찍부터 자치권을 갖고 유럽과 아시아 및 북아프리카 사이의 국제교역을 주도했다. 특히 로마법의 전통에 따라서 구성원들의 재산과 계약을 보호함으로써 국제교역에 필요한 투자와 혁신을 촉진하고 장려할 수 있었다.[23] 신성로마제국이 지배하는 유럽대륙과 달리 이태리 도시국가들은 상업활동의 자유를 인정하고 상인들의 재산과 계약을 보호해주었기 때문에 '상인에 의한, 상인을 위한, 상인의 도시국가'[24]로 발전하고 부강해진 것이다. 자유와 재산의 보호는 국제교역에 필요한 시장의 발달, 상인들의 경제적 풍요, 장인들의 기술혁신을 촉진하고 유럽 르네상스의 출발점을 만들었다. 유럽의 르네상스가 이태리에서 시작된 것은 우연이 아니라 이태리 도시국가들이 상공업의 발전으로 유럽에서 제일 부강한 나라가 되었고 문예활동을 후원할 수 있었기 때문이다.[25]

조반니 메디치(Giovanni di Biccide' Medici)는 이태리에서 르네상스의 꽃이 필 수 있도록 문예활동을 후원한 대표적인 상공인에 해

---

23 Horatio Forbes Brown, Venice: An Historical Sketch of the Republic (Percival Rívington, 1895), at81. https://archive.org/details/veniceanhistori01browgoog/page/n8.

24 Felix Butschek, The Performance of the European Economy in Historical Perspective, WIFO Working Papers, No. 484 (Austrian Institute of Economic Research, 2014) at 7–8.

25 William Gilbert, Renaissance and Reformation (저자 사후 e-book으로 1998년 공표됨, http://vlib.iue.it/carrie/texts/carrie_books/gilbert/03.html), Chapter 3 on the Italian City-States of the Renaissance.

당한다. 메디치 가문은 대대로 양모방직으로 부를 축적하고 복식부기를 도입해서 금융에서 크게 성공했다. 특히 조반니 메디치는 1397년에 메디치 은행을 설립하고 공식적으로 교황의 금고(Chief Papal Banker)가 되어 유럽대륙에서 널리 금융업을 수행하는 유럽 최고의 부호가 되었다. 조반니 메디치는 가문 대대로 종교생활을 해온 '성 로렌스 대성당 (Basilica di San Lorenzo)'의 재건축을 후원하면서, 1419년에 이태리 건축 및 디자인의 시조라고 일컬어지는 필리포 브루넬레스키(Filippo Brunelleschi)에게 대성당 설계를 맡겼다.

대성당 설계를 맡은 브루넬레스키가 피사에서 피렌체까지 아르노강을 통해 대리석을 운송하는 선박을 개발하자, 피렌체공화국은 브루넬레스키에게 3년간 그 선박을 생산하고 이용할 수 있는 특허(letters patent)를 부여한 바 있다.[26] 독점적 권리를 부여해 기술혁신을 촉진한다는 '특허' 개념은 다양한 기술분야에서 활용되었고, 인류 최초의 근대적 특허법 형태로 진화해서 1474년 베네치아 특허법으로 탄생했다.[27] 베네치아 특허법에 의하면, 베네치아에서 이제까지 존재하지 않았던 장치를 발명해서 완성한 발명가는 자신의 발명장치을 신고함으로써 그 발명장치에 대한 권리를 취득하고, 자신의 허락 없이 동일한 장치를 만든 자에 대해서 100듀캇의 손해배상을 청구할 수 있고 더 나아가 무단으로 제작된 장치를 파기할 수 있다.[28] 1474년에 제정된 베네치아 특허법은 발명의 신규성, 발명의

---

26 Ikechi Mgbeoji, "The Juridical Origins of the International Patent System: Towards a Historiography of the Role of Patents in Industrialization," *5 Journal of the History of International Law* 403 (2003), at 412.

27 John F. Duffy, "Harmony and Diversity in Global Patent Law," *17 Berkeley Technology Law Journal* 685 (2002), at 711.

28 노동자들의 평균 연봉이 450듀캇(ducates)이었음을 고려하면 손해배상금 자체는 많지 않

신고, 권리 존속기간, 침해에 대한 구제수단 등을 규정하고 있다는 점에서 인류 최초의 근대적인 특허법이라고 평가된다. 베네치아 특허법은 영국의 근대적인 특허법보다 150년 앞선 것이었다.

이태리 도시국가에서 막대한 부를 축적한 상공인들은 문예활동을 후원해서 르네상스의 꽃을 피웠고, 이태리에서 시작된 르네상스는 인쇄술의 발전과 함께 빠른 속도로 유럽 전체로 확산될 수 있었다. 16세기에 진행된 종교혁명도 인쇄술의 활용으로 가능했다. 1517년 마틴 루터가 가톨릭교회를 비판하는 '95개 논제(Ninety-five Theses)'를 발표했는데, 금속활자술 덕분에 불과 두 달 만에 95개 논제는 유럽 전역에 인쇄되어 전달될 수 있었고 종교개혁이 성공할 수 있었다. 그러나, 추기경들의 비밀회의(conclave)에도 영향력을 행사해서 네 명의 교황을 배출한 메디치 가문은 갈릴레이(Galileo Galilei)를 비롯해 교리에 반하는 과학자에 대한 후원을 중단하였다. 1642년 갈릴레이가 사망하자 토스카나 대공 페르디난도 2세는 그를 산타 크로체 대성당 본체에 부친 묘 바로 옆에 묻기를 원했지만, 교황의 반대로 대성당 측면 복도 끝의 조그만 기도실에 묻혀야 하는 수모를 당했다.[29] 갈릴레이는 이태리가 배출한 최고의 과학자였지만, 과학적 진실과 자유가 인정받지 못하는 또 다른 이태리의 모습을 보여준 것이다. 도시국가가 안정되면서 신분 질서가 고착화되고 자유는 서서히 위축되기 시작한 것이다. 우선, 도시국가의 평의회(Great Council) 의원이 세습되는 귀족으로 변하고, 정부가 무역을

은 것으로 보인다. Ikechi Mgbeoji, 앞의 글, pp. 413-414.

29 사망 후 95년이 지난 후에야 대성당 본당으로 갈릴레이 시신이 이장되고, 이장되면서 시신에서 갈릴레이의 손가락 3개와 치아 한 개를 분리해서 갈릴레이 박물관에 보관 및 전시하게 되었다.

장악하면서 시민들의 경제적 지위 상승 도구라고 할 수 있는 코멘다 계약의 사용을 금지하기에 이르렀다. 길드 조직도 초기에는 기술혁신을 보호하고 촉진하는 기능을 수행했지만, 길드의 독점과 경쟁 제한의 부작용을 심각하게 드러내기 시작하였다.[30]

이태리 도시국가들의 쇠망은 법제도의 변화와 함께 찾아온 국제정세의 변화에 의해서 더욱 가속되었다. 1453년 동쪽의 오토만 제국이 그 세력을 확대해서 신성로마제국의 콘스탄티노플까지 점령함에 따라, 이태리 도시국가들의 지중해를 중심으로 한 동방무역은 급속도로 위축되었다. 다른 한편, 서쪽의 포르투갈과 스페인은 지중해를 거치지 않고 대서양을 통한 새로운 항로를 개척하면서, 이태리 도시국가들의 경쟁력은 점차 사라질 수밖에 없었다.[31] 이태리보다는 대서양 연안에 보다 많은 희망과 기회가 있을 것이고 생각한 기술자와 예술가들이 늘어났다. 15세기 말에 무역과 기술혁신의 중심지가 이태리에서 포르투갈과 스페인으로 옮겨간 역사적 사실을 상징적으로 보여준 인물은 바로 콜럼버스(Christopher Columbus)일 것이다. 콜럼버스는 제노바에서 태어났지만 포르투갈로 이주해서 그곳의 귀족여인과 결혼하고 몇 차례의 시도 끝에 결국 스페인의 이사벨라 여왕의 후원을 받아서 대서양 항해를 시작했으며, 1492년 미주대륙을 발견해서 스페인의 식민지 개척의 길을 열었다. 베니스를 비롯한 이태리 도시국가들은 뛰어난 선박기술을 보유하고 있었지만,[32] 그들의 선박은 선원들이 노를 저어서 움직이는 원시

30 데이비드 S. 랜즈, 안진환 · 최소영 옮김, 『국가의 부와 빈곤』 (한국경제신문사, 2009), 287쪽.
31 대런 애쓰모글루 · 제임스 로빈슨, 앞의 책, 231쪽.
32 주경철, 대항해시대: 해상 팽창과 근대 세계의 형성 (서울대학교 출판부, 2008), 129쪽.

적인 형태의 선박이었고, 스페인과 포르투갈이 대서양을 횡단하기 위해서 개발한 선박은 커다란 돛을 달고 빠른 속도로 항해할 수 있는 범선이었다. 이태리 도시국가들은 이제 지리적으로나 기술적으로 스페인과 포르투갈의 부상을 막을 수 없는 신세가 되었다.

레콩키스타

스페인과 포르투갈의 부국강병과 기술혁신은 레콩키스타(Reconquista)로부터 시작한다. 이베리아반도는 711년 회교도들에 의해 점령당한 뒤 780년에 걸친 레콩키스타, 즉 국토회복 내지 정복을 위한 전쟁을 통해서 비로소 독립을 쟁취하게 된다. 역대 교황들은 이베리아반도에서의 독립전쟁이 '기독교를 위한 전쟁'이라 선언하고, 십자군 전쟁에서와 마찬가지로 레콩키스타 참전자들에게 면죄부를 부여했다. 레콩키스타는 종교전쟁으로서의 성격도 가지고 있었기 때문에 이베리아반도의 영토 회복을 뛰어넘어서 아프리카 북부의 회교도 지역의 정복으로 확대되었다. 회교도 정복을 위한 해외 원정은 노예무역과 같이 경제적으로도 충분한 보상을 받을 수 있었기 때문에 포르투갈과 스페인의 대항해와 식민지 개척은 종교의 이름으로 그러나 잔인한 방법으로 계속된다.[33]

포르투갈은 국토 회복에 성공하면서 스페인보다 먼저 대항해의 모험을 시작했다. 특히 엔히크(Enrique) 왕자는 해양연구소를 세우

---

33 예컨대, 회교도 소함대를 무찌르고 나서 800명에 달하는 무어인들의 귀, 코, 손 등을 절단하고 불구가 된 무어인들을 그 지역 통치자에게 돌려보내기도 하였다: 데이비드 S. 랜즈, 앞의 책, 212쪽.

고 항해술에 관한 과학적 탐구를 지휘하면서 1415년 아프리카 북단의 세우타(Ceuta) 정복을 시작으로 마데이라(Madeira)와 아조레스(Azores) 제도와 서부 아프리카 해안 지역까지 정복하였다. 엔히크 왕자는 해외원정으로 원주민들을 잡아서 노예로 파는 새로운 수익원을 발견하였다.[34] 천주교 교리와 노예 제도가 양립하기 어려웠지만, 해외진출 초기 북부 아프리카에서 잡은 무어족은 회교도들이었기 때문에 회교에 대한 보복 내지 정복의 명분으로 쉽게 정당화될 수 있었다. 포르투갈 원정대는 아프리카 서부 해안까지 진출해서 흑인들을 잡아서 노예로 팔고 상당한 수익을 올렸다. 1455년에는 교황 니콜라스 5세(Pope Nicholas V)도 모든 흑인노예를 천주교도로 개종시킨다는 조건 하에 포르투갈의 노예무역을 허용했다. 흑인노예를 개종하는 과정은 아주 잔인한 것으로 악명이 높았다. 엔히크 왕자의 사망 이후에는 흑인노예 무역에 대해서 관세를 부과해서 포르투갈의 재원으로 활용하기도 했다. 16세기 중엽 리스본 인구의 10%는 흑인 노예가 차지할 정도로 흑인 노예는 포르투갈 경제의 중요한 부분을 차지했다.[35]

스페인은 15세기 말 그라나다 정복(Granada War)을 끝으로 레콩키스타를 완성하고 본격적으로 대서양 항해에 나선다. 1492년 스페인의 이사벨라 여왕(Isabella I)은 콜럼버스(Christopher Columbus)의 대서양 항해를 후원했고, 미주 신대륙 발견을 시작으로 잔인하고 폭력적인 해외시장 개척에 나선다.[36] 콜럼버스를 비롯하여 스페인

---

34 데이비드 S. 랜즈, 앞의 책, 142, 152쪽.

35 데이비드 S. 랜즈, 앞의 책, 127쪽.

36 주경철, 앞의 책, 425쪽.

의 해외원정대로서는 회교도나 흑인과 같은 '신앙심 없는 야만인' 들을 개화시키는 식민지 정복이 정의로운 전쟁이었다. 그러나, 스페인의 해외원정에 활용된 지도와 나침반 기술은 700여 년간 이베리아반도를 지배해온 회교도들, 특히 야만인들이라고 비하했던 회교도들을 통해서 전수받은 기술을 개량해서 발전한 기술이었다.[37]

영토 회복과 종교전쟁처럼 대서양 항해와 식민지 개척도 왕실의 투자와 위험부담에 의해서 추진되었다. 대서양 항해에 필요한 투자가 왕실에 의해서 이루어진만큼 그로 인한 수익도 왕실로 돌아갔다. 노예무역으로 인한 수익도 그리고 식민지에서 약탈한 금과 은도 주로 왕실에 귀속되는 스페인의 군주자본주의 또는 왕실중상주의(royal mercantilism)[38] 아래에서는 일반 상인들과 선원들이 충분한 투자와 혁신의 인센티브를 갖기 어려웠다. 왕실은 대서양 항해에 필요한 경비를 조달하기 위해서 더 많은 조세를 부과하기 시작했고 상공업을 더욱 위축시켰다.[39] 또한, 18세기 애덤 스미스가 살펴본 스페인은 귀족과 부자들만 보호해 주는 사법 행정의 불공정성이 심각했고, 귀족과 부자들에 의한 불공정한 지배로 인해 근면한 일반인들의 기술혁신은 물론 일반적인 생산의욕이 아주 낮았다.[40]

스페인의 지나치게 엄격한 천주교 질서도 기술혁신을 가로막았

---

37 주경철, 앞의 책, 135쪽.

38 주경철, 앞의 책, 56쪽.

39 스페인의 알카발라는 10%에서 시작해서 14%로 인상되었다가 다시 6%로 인하되었다: Adam Smith, *An Inquiry into the Nature and Causes of the Wealth of Nations*, the Glasgow Edition of the Works and Correspondence of Adam Smith edited by R. H. Campbell and A. S. Skinner (Oxford University Press, 1976), pp. 899–900.

40 애덤 스미스, 앞의 책, 159쪽.

다. 이사벨라 여왕은 콜럼버스의 대서양 항해를 후원하면서 동시에 종교재판을 통해 유대인을 비롯한 이교도를 탄압하였다. 1517년 마틴 루터(Martin Luther)가 '95개 논제 (Ninety-five Theses)'를 발표하면서 종교개혁이 널리 확산되고 있었음에도 불구하고, 스페인에서는 수십만 명의 이교도가 종교재판을 받고 수천 명의 이교도가 처형되었다. 스페인에서의 광신적인 천주교 질서는 천문학과 조선술 등 과학기술에 능통한 전문가들로 하여금 네덜란드처럼 보다 자유로운 나라로 떠나게 만들었다.[41] 가톨릭의 불관용과 경직성으로 인해, 스페인은 기술혁신의 정체와 경제력 및 군사력의 쇠퇴를 맞았다.[42] 16세기 스페인은 멕시코와 페루 지역의 금과 은을 약탈하고 포르투갈은 브라질 지역의 원목과 다이아몬드를 약탈해서 유럽 최고의 풍요로운 국가가 되었다. 그러나, 스페인과 포르투갈의 왕실과 귀족들은 풍요로움을 즐길 뿐이고 기술혁신의 필요성을 인식하지 못했다. 스페인이 식민지에서 금은보화를 약탈하는 것만으로는 상공인의 투자와 기술혁신을 촉진하는 근대적 제도를 갖춘 네덜란드 및 영국과의 경쟁에서 계속 우위를 유지할 수 없었다.

저지대의 자유

16세기 유럽에서 가장 부강한 나라 스페인은 종교개혁운동을 탄압하고 엄격한 천주교 질서를 강요하는 데 반해서, 네덜란드 저

41 데이비드 S. 랜즈, 앞의 책, 222쪽.
42 데이비드 S. 랜즈, 앞의 책, 297쪽.

지대(Low Lands)[43]는 비교적 '자유로운 영혼을 가진 사람들(the Free Mind)'[44]이 종교적 관용과 상거래 자유를 찾아 이주해오는 피난처가 되었다. 네덜란드의 저명한 계몽주의 철학자 스피노자(Baruch Spinoza)는 그 조상이 스페인에서 포르투갈을 거쳐서 네덜란드로 이주해온 유대인으로 추정되고, 스피노자에게 많은 사상적 영향을 미친 프랑스 철학자 겸 과학자 데카르트(Rene Descartes)도 네덜란드에 와서 그의 대부분의 위대한 저술을 완성했다. 지동설, 즉 태양중심설(Heliocentrism)을 주장한 이태리 과학자 갈릴레이(Galileo Galilei)도 불합리한 종교재판을 피해 네덜란드로 옮겨와서 그의 마지막 저술작업을 했다.

네덜란드 저지대에서는 종교적 관용과 상거래의 자유가 널리 허용되었고 새로운 법제도가 세상을 바꿀 수 있음을 보여주었다. 네덜란드는 자본주의 시장의 핵심적인 법제도를 만들었다. 주식회사 및 증권거래와 같은 인류 최초의 자본주의 법제도가 바로 그것이다. 네덜란드 동인도회사(東印度會社, Vereenigde Oostindische Compagnie; VOC)는 1602년 네덜란드 의회의 승인에 의하여 기존의 무역회사들을 합병해서 설립한 인류 역사상 최초의 주식회사였다. 종전에는 생명과 재산을 모두 잃어버릴 수 있는 해외시장의 개척 또는 심지어 식민지의 정복에 이르기까지 왕과 귀족들의 일회적인 벤처사업의 방식에 의존했다. 16세기 스페인의 해외원정은 항해할 때마다 좋은 선박과 뛰어난 선장과 선원, 그리고 상당한 자본

43 라인 강을 비롯한 유럽의 3대 강이 바다와 만나는 삼각주(Delta) 지역의 저지대.

44 암스테르담에는 "자유로운 영혼을 가진 사람들의 대사관(The Embassy of the Free Mind)"이 있는데, 이는 유럽의 다양하고 새롭고 자유로운 생각들이 유럽의 문명을 발전시킨 역사적 사실을 기념하고 입증하기 위해서 세워진 박물관 겸 도서관이다.

등을 찾아서 만족스러운 조건의 계약을 체결해야만 비로소 가능했다. 그러나 왕이나 귀족과 같은 소수의 투자자들이 위험과 수익을 함께 하기로 합의하면서 일회적인 항해를 추진하는 벤처사업의 방식은 그 효율성과 지속성에 커다란 한계가 있었다. 네덜란드의 동인도회사는 주식발행으로 다수의 주주들로부터 많은 자본을 조달하고 회사 자체의 자본으로 선박의 제조에서부터 선원의 고용과 항해에 이르기까지 지속적이고 안정적으로 사업을 반복수행할 수 있는 효율적인 제도였던 것이다.

네덜란드의 동인도회사는 오늘날의 주식회사와는 달리 의회의 승인에 의하여 무역을 독점하고 전쟁을 수행하며 조약을 체결하고 관할지역에서 징역과 사형집행까지 할 수 있는 특권을 가지고 있었다. 동인도회사는 설립된 후 약 200년간 총 100만 명의 선원이 4,785회의 항해를 해서 후추를 비롯한 향신료 무역으로 상당한 수익을 올렸다. 네덜란드 동인도회사의 무역량은 17세기 영국을 비롯한 유럽 전체의 무역량을 훨씬 상회하는 엄청난 규모에 달했고 네덜란드 황금기를 이룬 배경이 된다.

네덜란드는 암스테르담에 세계 최초의 증권거래소(Amsterdam Stock Exchange)를 설립해서 일반인들이 동인도회사 등의 주식과 채권을 매입하고 투자에 참여할 수 있도록 하였다. 왕실의 권력과 민간의 자본이 함께 해외 시장을 개척하고 그 수익을 나눠가질 수 있는 자본주의적 법제도를 만들어낸 것이다. 동인도회사와 같은 제도혁신은 기술혁신을 촉진해서 네덜란드는 17세기 유럽 최고의 조선기술을 개발했고 멀리 일본에까지 전파되기도 했다.[45] 동인도회사는 제재소에서부터 조선소에 이르는 일련의 조선 관련 산업단지를 만들고 선박을 대량생산해서 1670년 당시 네덜란드의 선박 보유 규모는 영국과 프랑스, 스페인, 포르투갈, 독일의 선박을 모두 합친 것보다도 더 많았다.

스페인과의 80년 전쟁을 시작한 후 1579년에 탄생한 네덜란드연방공화국(Dutch Republic)은 세계에서 가장 부강한 나라로 발전해서 '화란의 황금기(Dutch golden age)'를 맞는다. 네덜란드의 자유와 관용의 가치가 자본주의적 제도의 혁신과 함께 만들어낸 '화란의 기적(Dutch miracle)'이다. 스페인의 10분의 1도 되지 않는 조그만 영토와 3분의 1 정도의 인구를 가진 조그만 나라 네덜란드가 남아프리카, 북미, 인도네시아, 대만에 식민지를 개척하고 흑해 및 지중해에서의 무역뿐만 아니라 일본과의 무역까지 독점하는 세계 최강의 해양대국으로 성장하고 그로티우스(Hugo Grotius), 호이겐스(Christiaan Huygens), 렘브란트(Rembrandt van Rijn)와 같은 위대한 학자와 예술가를 배출했다.

네덜란드는 스페인과의 전쟁에서 승리한 이후에도 종교적인 이유 또는 경제적인 이유로 영국 또는 프랑스와 자주 충돌하지 않을 수 없었다. 1672년은 네덜란드가 한꺼번에 영국과 프랑스 그리고 독일 뮌스터 및 쾰른의 침공을 받은 '재앙의 해(Rampjaar)'가 되었다. 네덜란드는 재앙의 해에 침공으로 상당한 타격을 받았고 해상무역과 상공인의 활동이 크게 위축되기 시작했다. 윌리엄 3세(William III

45 Noboru Yamashita, 같은 책, at 65.

of Orange)는 개신교에 적대적인 프랑스의 세력 확장을 억제하고 영국과 프랑스의 연합공격을 막아내는 것이 최고의 외교정책이라고 생각하고 있었다. 윌리엄 3세는 1677년에 영국이 프랑스와의 연합 외교정책을 버리도록 유도하기 위한 방편의 하나로 차기 영국왕위 계승이 예정된 제임스 2세(James II)의 장녀 메리(Mary)와 결혼한다. 역사적인 우연일지 모르지만 몇 년 후 드디어 영국왕위에 오른 제임스 2세는 천주교를 부활하고 오히려 프랑스와의 외교협력을 더욱 적극 추진하려고 했다. 다수의 귀족과 성직자들은 제임스 2세가 의회를 무시하고 국왕에 충성하는 상비군을 만들려고 하는 데 대하여 심각한 위기감을 갖게 되었다. 그 당시 가장 커다란 영향력을 가진 '불멸의 7인(Immortal Seven: 6인의 귀족과 1인의 주교)'은 제임스 2세의 사위이기도 한 네덜란드 윌리엄 3세에게 영국을 공격해서 제임스 2세를 폐위시켜달라고 하는 내용의 비밀편지를 보낸다. 그 밀서는 제임스 2세에 대한 불만을 설명하면서 의회질서와 법을 준수하는 신교도 왕을 희망한다는 점과 영국의 시민 및 군사들이 윌리엄 3세를 지지할 것이라는 점을 명확히 했다. 윌리엄 3세는 1688년 11월에 4만여 명을 태운 463척의 배를 이끌고 영국에 도착한 후, '영국의 자유와 프로테스탄트 신교'를 보장한다고 선언하고 별다른 저항없이 입성할 수 있었다. 윌리엄 3세가 군대를 이끌고 영국을 침공한 것은 본래 네덜란드를 방어하기 위한 전략으로부터 출발했지만, 제임스 2세를 폐위시키는 명예혁명의 주인공이면서 동시에 영국왕위 계승자격을 가진 부인 메리 2세(Mary II)와 함께 공동으로 영국의 왕위에 오르게 되고, 부인 메리 여왕이 1694년에 사망한 후에는 명실상부한 영국의 국왕이 된다. 윌리엄 3세는 1702년에 사망할 때까지 영국의 국왕 및 네덜란드 대표(Dutch stadtholder: 공화국이지만 부친으로부터 세습)를 겸해서 영국이 네덜란드에 대한 공격을 중지하는 계기를 마련했다.

자유와 재산권 보장의 헌정질서

윌리엄 3세는 1688년에 명예혁명으로 영국의 국왕이 되고, 1689년에 국왕 자신도 의회가 제정한 법률을 무시하거나 무력화해서는 않된다고 하는 입헌군주제를 명확히 한 '권리장전(Bill of Rights)'[46]을 승인했다. 이미 1628년에 영국의 자유로운 국민들은 이유 없이 구속되지 않고 법률의 근거 없이 조세나 기부의 의무를 부담하지 않는다고 하는 '권리청원(Petition of Right)'이 영국의회에서 채택되었지만, 그 다음 해에 찰스 1세(Charles I)는 의회를 해산하고 권리청원은 헌법도 아니고 법률도 아니라고 주장하면서 자의적으로 조세를 부과하고 정적을 처벌하는 폭정을 계속했다. 권리장전은 의회주의를 명확히 함으로써 국왕이 의회의 동의 없이 국민의 자유와 재산을 박탈할 수 없다고 하는 헌정질서를 확립한 것이다.

네덜란드가 주식회사와 증권거래와 같은 자본주의적 법제도를 도입해서 기술혁신과 경제발전을 도모했다면, 영국은 군주도 함부로 국민의 자유와 재산을 빼앗을 수 없다고 하는 근대적 헌정질서를 채택함으로써 산업혁명의 제도적 기반을 마련한 것이다. 국왕에

46 권리장전은 한편으로는 자유선거에 의하여 의원을 선출하고 의원의 의회 내에서의 언론의 자유를 보장하면서, 다른 한편으로는 왕의 권한을 엄격히 제한하기 위하여 의회의 동의 없이 왕이 조세를 부과할 수 없고 왕이 의회가 제정한 법률을 무시하거나 무력화할 수 없다고 하는 내용을 명확히 하고 있다.

게만 권력이 독점되었던 유럽대륙의 질서와 비교하면, 영국의 권리장전은 국왕의 자의적인 권한행사를 엄격히 제한하고 의회가 상공인들의 자유와 재산을 보호할 수 있는 헌정질서를 확립했다는 점에서 산업혁명의 중요한 제도적 배경이 되었음을 부인할 수 없다. 영국의 상공인들은 상거래의 자유와 재산이 박탈될지 모른다는 불안감에서 해방되어 보다 적극적으로 기술혁신과 시장거래를 할 수 있는 제도적 환경을 갖게 되었다.[47] 바로 이런 자유 보장과 재산 보호가 특허 제도와 함께 기술혁신과 투자를 촉진해 영국이 산업혁명에 성공하는 데 중요한 배경과 원인이 된 것이다.

구체적으로 누가 어떠한 자유와 재산을 보호받는지의 문제는 중요하고도 복잡한 문제일 것이다. 의회가 법률의 형식으로 자유와 재산의 구체적인 내용을 정하게 되는데, 그 당시 의원을 선출하는 투표권은 상당한 재산을 가진 남자들에 한정되었고 전체 인구의 2%에 불과했다.[48] 따라서, 17세기 영국에서 자유와 재산을 보호하기 위한 법제도는 상당한 재산을 가진 2%의 이익을 반영한 것이었다. 그 당시에는 일정 규모의 부동산을 보유한 사람만이 그 부동산이 소재하는 공동체에 충분히 영구적인 이해관계를 갖고 있어서 그 공동체의 대표를 선출할 권리를 가질 자격이 있다고 본 것이다. 일정 규모의 부동산을 보유하지 못한 사람은 다른 사람에 의해서 지배되거나 종속되어 있기 때문에 대표선출과 같은 중요한 임무를 맡기 어렵다고 본 것이다. 미국도 19세기 초까지 유사한 부동산 보유를 전제로 투표권을 제한적으로 부여하다가 일정 금액 이상의 조세

47 Douglass C. North and Barry R. Weingast, 같은 글, pp. 803-832.
48 대런 애쓰모글루·제임스 로빈슨, 앞의 책, 280쪽.

를 납부한 사람 또는 백인 남성으로 투표권자의 범위를 확대했다.[49]

17세기 투표권의 제한과 영국의회의 구성을 고려한다면 일련의 '사유화법(Inclosure Act)'이 제정되고 집행된 배경은 쉽게 이해된다. 상당한 재산을 보유한 사람들은 일정 범위의 농지에 울타리를 치고 양과 같은 가축을 방목하기 위한 사유화를 시도했다. 본래 중세 장원경제에서 유래된 농지활용의 관행으로 인해서, 영국 경작지의 4분의 1정도는 주민들이 공동으로 농작물을 경작하거나 공동으로 가축을 방목하는 공유형태의 토지였다.[50] 많은 사람들이 사유화로 인해 농민이 쫓겨나는 것을 보고 "양들이 사람들을 집어삼키고 마을을 황폐화시킨다"고 사유화를 비난했다. 반대여론을 고려해서 16세기 초에는 사유화를 금지하고 농지를 목초지로 개량하는 것을 금지하기도 했다.[51] 그러나, 공유지는 과잉경작으로 가치가 떨어지는데 주민 어느 누구도 개량하려고 하거나 새로운 용도로 개발하거나 새로운 기술을 도입하려고 노력하지 않는 소위 '공유지 비극(tragedy of the commons)'을 만들었다. 1773년 영국의회는 일정한 절차를 거쳐서 공유지를 특정 개인의 소유로 인정해주기 위한 '사유화법(Inclosure Act 1773)'을 제정했다. 사유화법에 의하면 위원회가 사유화 계획을 수립하고 집행하기 위해서 조사위원들(surveyors)을 임명하고, 조사위원들은 주민들의 공유지에 관한 주장이나 의견을 토대로 사유화 계획안을 마련해서 제출하고, 위원회가 최종적으로 사

---

49 Robert J. Steinfeld, Property and Suffrage in the Early American Republic, 41 Stan. L. Rev. 335 (1989)

50 Dan Bogart & Gary Richardson, Property Rights and Parliament in Industrializing Britain, 54 J.L. & Econs. 241 (2011), at 247.

51 Charles J. Reid, Jr., The Seventeenth-Century Revolution in the English Land Law, 43 Clev. St. L. Rev. 221 (1995), pp. 254-255.

유화 계획을 확정한다. 사유화로 인해서 많은 농부들이 사유지에서 임금노동자로 일하거나 도시로 이주해 공장의 임금노동자로 일하는 신세가 되었다. 공유지의 사유화로 인해 농촌의 평화가 깨지고 많은 농부의 심각한 반발을 불러일으켰지만, 영국의 농업생산성은 향상되고 공장에서 필요한 노동력이 제공되어 산업혁명에 기여한 것으로 평가되고 있다.[52] 영국의회가 사유화법으로 농업 분야의 투자와 혁신을 촉진했다면, 기존의 판매특권제도를 근대화한 '독점법(Statute of Monopolies)'을 제정하여 공업 분야의 발명과 투자를 촉진했다. 또한 영국의회는 인류 최초의 근대적인 저작권법을 제정하여 학술을 장려하고 지식의 확산을 촉진하는 법정책을 추진했다. 이러한 일련의 법제도는 영국이 유럽대륙보다 먼저 산업혁명에 성공하고 부국강병을 이룩한 배경과 원동력이 되었다.

상공인들의 주장에 의하여 자유와 재산을 보호하는 근대적 법제도가 만들어졌지만, 기득권층이 된 상공인들은 이제 새로운 투자와 혁신을 위축시킬 수 있는 규제를 만드는 데에도 앞장섰다. 예컨대, 기차회사를 보유한 상공인들의 로비로 영국의회는 자동차의 주행을 규제하는 적기조례(赤旗條例: Red Flag Act)를 제정하고,[53] 도시마다 가스조명에 많은 투자를 하고 수익을 올린 상공인들의 로비로 영국의회는 새로운 기술로 보다 효율적인 전기조명을 규제하는 법정책을 채택했다.[54] 특히 1865년에 제정된 자동차법(Locomotive

---

52 데이비드 S. 랜즈, 앞의 책, 344쪽.

53 A. J. Smith, *Privatized Infrastructure: the Role of Government* (Thomas Telford Pub., 1999), 36쪽.

54 재레드 다이아몬드, 앞의 책, 362쪽.

Act)[55]은 증기기관과 같은 '기계로 움직이는 차량(mechanically propelled vehicles)', 즉 자동차의 등록, 중량 규제뿐만 아니라 그 운행에 관해 이상하고 불합리한 규제를 도입하였다. 1865년 자동차법에 의하면, 자동차는 시내에서는 시속 3.2킬로미터 이하의 속도로, 시외에서는 6.4킬로미터 이하 속도로 주행해야 하고, 앞에 적기(red flag)를 들고 가는 조수가 자동차의 주행을 알려야 했다. 불합리한 규제로 기차협회의 기득권은 30여 년간 더 유지될 수 있었지만, 대서양 건너 미국에 자동차 산업의 기술혁신과 성장의 주도권을 빼앗기는 원인이 되었다. 영국은 18세기부터 석탄, 철강, 면 제조에 관한 기술혁신으로 엄청난 경제력과 군사력을 얻었지만, 19세기 들어 보편화되기 시작한 자동차와 전기 및 화학제품 등에서는 영국의 기업가정신이 미치지 못하고 뒤처지기 시작하였다.

19세기 후반 영국의 산업생산량 성장률은 미국보다 훨씬 낮은 수준으로 떨어졌다. 사람도 자유를 좇아 미국으로 이민을 갔지만 기술혁신과 산업혁명도 자유와 재산을 보다 효율적으로 보호해주는 미국으로 옮겨간 것이다. 1880년 당시 영국의 산업생산량은 전 세계 총생산량의 22.9%였지만 1913년에는 13.6%로 급감하고, 교역량도 전 세계 교역량의 23.2%에서 14.1%로 급감하였다.[56]

영국에서는 새로운 과학적 발견을 새로운 상품과 서비스에 반영하기 위한 기술혁신과 연구개발의 열기가 식어 가는 반면에, 19세기 중반 남북전쟁을 끝낸 미국에서는 정부와 기업들이 기술혁신

---

55 "An Act for further regulating the Use of Locomotives on Turnpike and other Roads for Agricultural and other purposes" (5th July, 1865).

56 Paul Kennedy, 앞의 책, pp. 226–228.

및 연구개발에 적극적으로 투자하였다. 영국에서 회사 제도가 시작되었지만, 주식회사가 번창하고 회사 중심의 자본주의가 꽃을 피운 곳은 미국이 되었다.[57] 영국에서는 상공업으로 성공한 기업가들이 사회적으로 높은 신분과 지위를 즐기고 대다수 노동자는 선술집(pub)과 노동조합을 중심으로 서민들만의 세계에 머물고 있었지만,[58] 대서양 건너 미국에서는 보다 자유로운 환경에서 다양한 계층의 사람들이 기술혁신과 투자에 적극적으로 참여함으로써 2차 산업혁명을 꽃피우기 시작하였다. 18세기 후반부터 영국이 석탄과 철을 생산하고 증기기관으로 산업혁명에 성공했다면, 19세기 후반부터 미국은 전기와 석유를 사용해 자동차, 기차, 비행기, 라디오, 화학섬유, 다양한 금속 등을 생산함으로써 훨씬 더 빠른 속도로 그리고 더 커다란 규모로 2차 산업혁명을 성공시킨다.

자유와 기회의 신대륙

17세기 및 18세기에 영국인을 비롯한 유럽인들은 종교적 차별과[59] 사회적 신분 및 고난의 굴레에서 벗어나기 위해[60] 대서양 건너

---

57 Bernard Elbaum and William Lazonick, "The Decline of the British Economy: An Institutional Perspective," *44 The Journal of Economic History* 567 (1984), pp. 575-576.

58 William H. McNeill, 같은 책, pp. 735-736.

59 17세기 初 가톨릭의 잔재를 없애는 철저한 종교 개혁을 원하는 청교도들이 엘리자베스 여왕을 비롯한 영국 왕실의 기독교 정책에 불만을 품고 네덜란드를 거쳐 미국 동부로 와서 정착하기 시작했고, 18세기에는 프랑스를 비롯한 유럽대륙에서 위그노 탄압을 피해 약 25만에서 40만 명의 유럽인들도 미국으로 건너와 정착하였다.

60 예컨대, 18세기 영국의 산업혁명에서 낙오되어 가난한 무직자로 생계형 범죄를 범한 6만

편에 자유와 기회의 신대륙을 만들었다. 18세기 말 잉글랜드 인구 570만 명, 스코틀랜드 120만 명인데 북미대륙으로 이주해온 유럽인이 70만 명을 넘었다. 북미지역의 원주민 인디언이 전쟁과 질병으로 사망한 반면에 유럽에서 이주해온 백인들은 높은 인구증가율로 250만 명까지 늘어났다. 이주민들은 여러 가지 제도적 실험을 거쳐서 북미대륙의 새로운 법제도와 질서를 만들어야 했다.

남미대륙에서처럼 무력을 동원하여 원주민을 착취하는 질서는 북미대륙에서 성공할 수 없다는 것을 깨달았다.[61] 북미대륙에서는 원주민들의 인구밀도가 상대적으로 아주 낮았기 때문이다. 북미대륙에 정착한 유럽 이주민들에게 봉건적 질서를 강요할 수도 없었다. 신대륙으로 건너온 이주민들에게는 다양한 지역과 다양한 선택이 열려 있었기 때문이다. 소수의 백인이 다수의 원주민을 지배하고 착취해야 했던 남미대륙에서와 달리 다수의 유럽인이 소수의 흑인을 수입해 노예로 착취하되 자신들만의 자유롭고 평등한 질서와 법제도를 만들어 나갔다. 이주민 유럽인들은 의회를 구성해 영국 왕실 직할 식민지임을 확인하되 북미대륙만의 새로운 질서와 법제도를 추구했다.[62]

북미대륙에 정착한 유럽 이주민들은 1776년에 드디어 영국의 식민지배로부터의 독립을 선언했다. 미국에 강제로 끌려 온 흑인들에게는 지옥이었지만, 자유와 새로운 기회를 찾아서 스스로 이민

명가량의 죄수도 미국으로 와서 정착한 것으로 알려져 있다.

61 영국 제임스 1세에게서 식민지 개척의 특권을 부여받은 버지니아회사(Virginia Company)는 남미에서와 같은 착취적 질서에 입각한 식민지 개척이 어렵다고 결론 내렸다: 대런 애쓰모글루·제임스 로빈슨, 앞의 책, 49-51쪽.

62 대런 애쓰모글루, 제임스 로빈슨, 앞의 책, 54쪽.

온 백인들에게는 자신에 필요한 자유와 평등 및 생명과 재산의 보호에 가장 효율적인 제도와 환경을 만들 수 있는 최고의 기회였다. 미국의 독립과 건국을 주도한 '건국의 아버지들(Founding Fathers)'은 교회, 군주, 귀족의 권위에 도전하는 계몽주의 사상을 미국의 새로운 법제도에서 실현하려고 했다. 그들은 대부분의 유럽 국가들이 전제군주(autocratic monarchy)제도에 머물고 있다고 생각했고, 신대륙의 새로운 국가 미국의 평등주의적 성격과 양립할 수 없다고 판단했다. 자유와 평등 그리고 생명과 재산을 보호하기 위해서는 계몽주의 철학자 '존 로크(John Locke)'와 몽테스키외(Montesquieu)의 삼권분립론에 입각한 새로운 국가조직과 법제도가 필요하다고 생각했다.

건국의 아버지들의 주도하에 헌법안이 마련되고 1788년 13개 주 3분의 2에 해당하는 9개 주의 비준으로 미국 연방헌법이 공식적으로 탄생했다. 미국 헌법은 입법부, 행정부, 사법부의 삼권분립을 명확히 규정한 인류 최초의 헌법이다. 미국 헌법은 연방의회로 하여금 조세 등에 관한 법률을 제정할 수 있는 입법권을 부여하고, 의회가 제정한 법률에 의하지 않고 자유와 재산을 침해할 수 없음을 명확히 했다. 연방의회에 특허권과 저작권 등을 보호하기 위한 법률을 제정할 권한도 부여하였다.[63] 미국 헌법은 과학, 기술, 학문, 예술의 발전을 촉진하기 위해 저자와 발명가에게 일정 기간 저작물과 발명에 대한 배타적 권리를 부여하기 위한 연방 차원의 입법을 할 수 있는 근거를 마련한 인류 최초의 헌법이다. 헌법규정에 따라 1790년에 특허법을 제정하고 국무장관, 전쟁장관, 법무장관의 3인

63 Article I Section 8 Clause 8 of the US Constitution.

으로 구성된 특허위원회가 특허심사를 맡고 대통령이 특허등록증에 서명했다. 특허업무의 전문성을 고려하여 1802년에 특허청을 설립하고 특허심사 및 등록업무는 특허청이 전담하게 되었다. 헌법에 보장된 자유와 특허 제도는 미국의 기업과 개인이 왕성한 투자와 혁신을 할 수 있는 최적의 제도적 기반이 되었다.

미국은 헌법을 제정하여 자유와 재산을 보호해주는 제도적 기반을 마련했을 뿐만 아니라, 영국으로부터 독립함으로써 수출입과 선박항해의 자유를 누릴 수 있게 되었다.[64] 그 당시 가장 중요한 산업이 직물제조업이었기 때문에 영국은 방직기계의 수출을 금지하고 관련 기술자의 미국 이민도 금지했었다. 그러나 영국의 면방직공장에서 기계공으로 일하던 슬레이터(Samuel Slater)는 기계설계를 암기하고 익힌 후 단순 노동자로 위장한 채 자유와 기회의 신대륙 미국으로 건너와서 개량형 방직기계를 만들고 미국 방직산업의 발전에 커다란 역할을 했다. 독립 후 초대 대통령 워싱턴은 모든 수입품에 대해 5%의 관세를 부과하고 그후 후임 대통령들도 19세기까지 지속적으로 관세를 인상하여 40% 수준까지 상향조정함으로써 국내 제조업을 보호하고 육성하는 정책을 채택했다. 관세 인상에 의한 보호주의는 미국내 기업들의 투자와 혁신을 촉진하여 북부 공업지역에서는 열렬한 지지를 받았지만, 유럽에서 각종 공산품과 생필품을 수입해야 했던 남부 농업 지역에서는 상당한 반발을 샀다. 보호주의는 노예 해방과 함께 남북전쟁의 중요한 원인이 되었다.

---

64 해운 증대 및 항행 장려법(An Act for increase of Shipping, and Encouragement of the Navigation of this Nation)은 1651년 제정된 이후 몇 차례 개정되었고 미국 독립전쟁 이후에도 계속 유지되다가 1849년에 비로소 폐지된다.

신대륙의 경제적 자유와 재산권을 보호해주는 법제도는 많은 발명가와 기업들을 탄생시키고 산업혁명의 씨앗을 만들었다. 1807년 풀턴(Robert Fulton)은 제임스 와트의 증기기관을 이용하여 강물 위에서 불길과 연기를 내뿜고 바퀴형태의 물갈퀴가 물을 휘저으면서 나가는 증기선을 만들어 상업화하는 데 성공했다. 풀턴은 인류 역사상 최초의 실용적인 잠수함 노틸러스(Nautillus)호를 제작하고 어뢰를 발명한 발명가 겸 기업가였다. 경쟁의 자유가 얼마나 중요한지 잘 보여준 기업가는 밴더빌트(Cornelius Vanderbilt)였다. 밴더빌트는 선박 운송으로 시작해서 철도 사업으로 막대한 부를 쌓았지만 초기에 선박 운송에 관한 주정부의 규제로 시장진입에 많은 어려움을 겪었다. 뉴욕주 의회는 증기선을 개량해서 상업화한 풀턴에게 이미 선박 운송의 독점권을 부여했었던 것이다. 밴더빌트가 운영하는 증기선기업은 저렴한 비용으로 운송서비스를 제공하려고 했지만 뉴욕주가 부여한 독점권에 가로 막히게 되자 소송을 제기했다. 미국 연방대법원은 뉴욕주와 뉴저지주 사이의 증기선 운송서비스에 대하여 뉴욕주가 독점권을 부여하거나 독단적으로 규제하는 것은 연방헌법에 위반된다고 보고 뉴욕주가 부여한 독점권이 무효라고 판시했다.[65] 두 개 이상의 주를 넘나드는 상거래에 대하여는 어느 한 개 주의회가 독단적으로 규제할 수 없고 오직 연방의회가 연방 전체에 걸친 법제도를 만들 수 있는 권한을 갖는다는 연방헌법의 기본원칙이 확인된 것이다. 밴더빌트는 뉴욕주의 부당한 규제를 물리치고 증기선사업의 자유를 얻게 되었다. 뿐만 아니라 주정부의 간섭과 규제를 받지 않고 자유롭게 투자와 혁신을 할

---

65 Gibbons v. Ogden, 22 U.S. (9 Wheat.) 1 (1824).

수 있다는 원칙은 밴더빌트가 소송으로 쟁취한 자유이지만 미국의 산업혁명과 기술혁신의 토대가 되었다. 주의회가 아니라 연방의회가 미국 연방 전체에 걸쳐서 합리적이고 효율적인 법제도를 마련한다는 것은 유럽대륙보다 더 커다란 연방 전체의 시장을 확보한다는 것을 의미하기 때문이다. 연방의회가 연방 차원의 자유로운 시장질서를 만들 수 있게 되면서 철도, 고속도로, 텔레비전 및 라디오 방송의 기술혁신과 발전을 선도할 수 있었다.

연방 차원의 자유로운 시장은 기반시설의 뒷받침이 없다면 공허한 개념이 될 것이다. 철도와 고속도로는 필수적인 기반시설이지만, 19세기 당시에는 철도의 건설에 상당한 기술과 자본을 필요로 했다. 1862년 링컨 대통령은 '태평양 철도법'[66]을 제정하여 대륙횡단 철도의 건설에 대한 연방정부의 지원을 제공했다. 미국 동부와 서부를 하나의 시장으로 연결해줄 수 있는 대륙횡단철도는 1869년에 완성되었다. 종전에는 미국 동부에서 서부까지 이동하는 데 4개월 이상 걸렸지만 대륙횡단철도의 완성으로 단 1주일에 대륙 간 운송이 가능해졌다. 종전에는 거의 자급자족하다시피 하던 지역 시장들은 이제 끊임없이 변화하고 확장하는 연방 차원의 시장의 일부가 되었다. 이동하는 사람들이 대폭 증가하고 조그만 시골에서 일하던 젊은이들이 도시 공장으로 옮겨가며 공장은 대량생산과 대량유통으로 더 많은 수익을 올릴 수 있었다. 대륙횡단철도가 제2차 산업혁명과 '규모의 경제(economies of scale)'를 실현하는 기반이 된 것이다.

---

66 Pacific Railway Act (https://guides.loc.gov/pacific-railway-act).

자유로운 시장의 확장은 경쟁의 촉진에 따른 기술혁신과 규모의 경제에 따른 수익 증가를 가능하게 해준다. 철강의 생산에 관한 혁신적인 기술 '베세머(Bessemer)' 공법은 영국에서 탄생했지만 꽃을 피고 산업혁명의 주역이 된 곳은 미국이었다. 미국의 앤드류 카네기(Andrew Carnegie)는 베세머 공법을 개량하고 저렴한 비용으로 철강을 생산하여 미국 전역에 레일을 공급할 뿐만 아니라 산업용 철골과 군사용 철판까지 생산하여 철강왕이 되었다. 연철은 강철보다 열등했다. 연철 기계 부품과 레일의 마모로 인해 사용 시 비용이 많이 들었다. 문제는 값싼 강철을 만드는 것이었다. 잘 알려진 바와 같이 이 문제는 1856년 헨리 베세머(Henry Bessemer)에 의해 결정적으로 해결되었다. 그의 발명 이후 철강 산업의 성장은 미국이 선도한 제2차 산업혁명을 상징하는 것이었다.

철도의 건설로 시장의 규모가 확장되고 지역의 경계가 허물어지면 경제적으로 충격을 받는 계층이 나오고 물리적 저항도 거세진다. 미국의 동부와 서부를 나누다시피 도도하게 흐르는 미시시피강에서 그러한 저항을 상징해주는 사건이 발생했다. 1856년 일리노이주와 아이오와주를 연결해주는 철도와 도로를 위하여 미시시피강을 가로지르는 교량이 완공되자 그 지역에서 선박운항을 해오던 선주들의 저항이 시작되었다. 같은 해 선박이 교량 다리에 부딪혀 화재로 침몰하게 되자 교량을 운영하는 회사를 상대로 소송을 제기했다. 이 사건에서 교량회사를 대리하게 된 변호사는 4년 후 선거에서 대통령으로 당선될 링컨 변호사였다. 변호사 링컨은 어린 시절 뱃사공으로 일한 경험도 있었지만 동서 간 이동을 가능하게 해주는 철도 운송이 선박 운송 못지 않게 중요하다는 점을 강조하면서 선박 운항의 과실을 입증했고 교량회사의 승소를 이끌어냈다.[67] 변호사 링컨은 이 사건의 경제적 의미를 정확히 파악하고, 과거에 뿌리를 둔 이해관계와 다가오는 새로운 경제 질서의 요구 사이의 갈등을 어떻게 해결해야 하는지에 관한 확고한 정치적 신념을 갖고 있었던 것이다. 링컨은 미국 대통령으로서 자유시장경제에서 재산이 중요한 인센티브임을 잘 파악하고 1862년에 일련의 자작농법(自作農法: Homestead Acts)을 제정해서 서부에 정착한 사람들에게 개척지를 불하해 주었다.

링컨 대통령은 취임 직후 남부연합(Confederacy)의 분리독립으로 시작된 남북전쟁을 지휘하면서 다른 한편으로는 대륙횡단철도의 건설과 서부개척지의 불하를 추진하여 자유시장경제와 산업혁명의 기반을 확고히 만들었다. 재산에는 토지소유권뿐만 아니라 발명특허권도 포함된다. 링컨은 대통령 재선 취임식 장소로 특허청의 발명품 전시장을 선택하여 특허권 취득을 장려했다. 그 당시 노예해방의 필요성에 관해서는 반신반의하는 유권자들이 많았지만, 압도적 다수의 유권자들은 링컨과 공화당의 자유시장경제에 관한 확고한 신념과 정책 그리고 중산층의 증가와 기술혁신을 촉진하는 재산제도의 추진에 전폭적인 지지를 보냈다.[68] 1865년에 링컨대통령은 남부연합에 동조한 극단주의자에 의하여 암살되었지만, 곧이어 북부 연방군의 승리로 남북전쟁은 끝나고 제2차 산업혁명은 가속화된다. 19세기 말까지 약 30여 년간 미국의 철도 가설량은 5배

---

67 Hurd v. Rock Island Bridge Co. (Circuit Court for Northern Illinois, 1857).

68 Robert D. Hormats, Abraham Lincoln and the Global Economy, Harvard Business Review (August 2003).

이상, 석탄 생산량은 8배, 원유 생산량은 18배 증가했고, 국내총생산(GDP)도 빠른 속도로 증가하여 그 당시 가장 부강한 나라 영국의 국내총생산의 두 배 이상으로 증가했다.[69]

시장경제 vs 계획경제

20세기에는 상공업의 자유와 재산권의 보장을 전제로 한 시장경제가 국유기업 및 집단농장을 중심으로 한 계획경제보다 효율적이고 합리적이라는 역사적 경험을 하게 된다. 산업혁명이 진행되면서 도시 공장 노동자들의 열악한 근로환경과 점점 커지는 빈부격차로 인하여 자유시장경제에 대한 비판이 많이 제기되었고, 노동자의 보호, 공정한 경쟁, 사회복지를 위하여 시장질서에 상당한 수정을 가하게 된다. 유럽과 미국은 노동법, 공정거래법, 사회보장법을 도입하면서도 자유시장경제의 효율성과 장점을 최대한 활용하여 기술혁신과 경제성장을 계속하고 있다.

소련과 동구권 및 중국 등의 일부 국가들은 다른 방법으로 시장경제의 문제점을 해결하려고 했다. 1848년 마르크스(Karl Marx)와 엥겔스는 아동 노동과 사유재산의 폐지, 누진적 소득세와 무상 공교육의 도입을 통하여 '계급 없는 사회'를 실현하기 위한 '공산당 선언 (The Communist Manifesto)'을 발표했다. 1917년 러시아제국을 무너뜨리고 탄생한 소련 그리고 중국 공산당이 국민당과의 20여 년에 걸친 내전에서 승리한 후 1949년에 수립한 중국인민공화국은 공산

69 Paul Kennedy, 앞의 책, at 242.

주의에 입각한 계획경제를 추진했다. 그러나, 경제적 빈곤으로 인한 불만과 자유에 대한 갈망이 분출하면서 1989년 일련의 혁명으로 동구권의 마르크스-레닌주의 정부가 무너지고 1991년 소련 연방이 해체되었다. 중국은 1978년 공산당에 의한 일당체제를 그대로 유지하되 시장경제원리를 대폭 도입하는 개혁개방(改革开放)으로 공산주의에 입각한 계획경제의 한계를 극복했을 뿐만 아니라 경제대국으로 성장했다.

공산주의 계획경제가 절대적으로 비효율적인 것은 아니고 후진국의 산업화에 한정된 효율성을 보여주기도 했다. 1920년대 중반 스탈린(Joseph Stalin)은 소련을 장악한 후 완전한 중앙집중식 계획경제를 추진하면서 중공업 분야의 생산능력을 크게 확대했다. 1929년부터 미국은 대공황으로 심각한 경제위기를 맞이했지만, 스탈린은 석유과 가스의 생산량을 늘리고 자급자족적인 계획경제로 지속적인 산업화에 성공했다. 1957년에는 소련이 인류 최초의 인공위성 '스푸트니크 1호(Sputnik 1)'를 성공적으로 발사했고, 1961년에는 유리 가가린을 태운 인류 최초의 유인 우주선 '보스토크 1호(Vostok 1)'를 발사했으며, 제3세계에 가장 많은 무기를 수출하는 최대 무기수출국이 되었다. 스탈린의 30년 집권으로 급속한 중공업의 발전을 이룩하면서 소련은 농업 사회에서 주요 산업 강국으로 발전했고, 동유럽의 공산권 국가들에게 소련의 계획경제가 서구의 시장경제보다 더 효율적인 것 같다고 하는 착각을 갖게 만들어 1960년대 전세계 지식인들에게 소련연구의 붐을 일으키기도 했다.

국유기업 중심의 계획경제는 중공업을 발전시키는 데 효율성을 보였지만, 소련 전체의 경제는 비효율적이었고 중공업을 제외하면

기술혁신의 퇴보와 생활필수품의 부족 그리고 생활 수준 저하를 초래했다. 국유기업은 중공업 분야에 자원을 집중해서 할당하고 생산 목표를 정해서 집행하는 데 효율적인 도구가 된다. 그러나, 국유기업은 관료들에 의해 운영되기 때문에 정해진 생산목표의 달성에만 관심을 갖고 있고 현실적으로 필요한 기술의 개발이나 이익의 창출을 위해서 해야 할 아무런 노력을 기울일 필요가 없었다. 계획경제 하에서는 수요와 공급을 정확히 맞추기 어렵기 때문에 항상 소비재는 부족하고 기술혁신이나 기업가정신은 점점 고갈되고 있었다.

농업의 비효율성은 기아사태를 초래하기도 했다. 조그만 농지들을 모아서 집단농장 내지 국유농장을 만들어 모든 농민들에게 균등한 보상을 하면 효율성이 오를 것으로 생각했었지만, 현실적으로 농민들의 근로의욕은 떨어지고 과다한 생산량 할당으로 농민들에게는 먹고 살 수 있는 곡식마저 남지 않아 많은 농민들이 희생되는 결과를 초래했다. 또한 스탈린은 막대한 자본과 노동력을 중공업에 집중해서 투입했기 때문에 농민은 줄어들고 생산성은 더 떨어졌고 1930년부터 1933년까지 수많은 아사자를 만들었다. 특히 최대의 곡창지 우크라이나의 농민들은 비현실적으로 많은 생산량을 할당받고 착취당한 결과 약 350만 명 내지 500만 명이 사망했고[70] 약 2,500명은 이웃을 죽여서 고기로 먹는 식인행위로 처벌받아야 했다. 우크라이나 기아사태는 스탈린에 의한 우크라이나 농민의 대량학살로 평가되고 있어서,[71] 오늘날 우크라이나 국민이 러시아에 대

70 Viktoriia Gorbunova and Vitalii Klymchuk, The Psychological Consequences of the Holodomor in Ukraine, 7 Journal of Ukrainian Studies 33 (2020).

71 https://holodomormuseum.org.ua/en/recognition-of-holodomor-as-genocide-in-the-world/

하여 갖고 있는 분노를 충분히 이해할 수 있게 해준다.

계획경제의 비효율성을 극복하기 위한 시도가 몇 차례 있었지만 모두 실패했다. 권력축소를 두려워 하는 공산당의 저항을 극복할 수 없었기 때문이다. 1965년에 코시긴(Alexei Kosygin) 총리는 소련 공산당 중앙위원회의 승인을 얻어 경제개혁을 시도했다. 경제개혁의 핵심은 제한적으로나마 시장원리를 도입하고 기술혁신을 위한 인센티브를 허용하는 것이었다. 국유기업들에게 품질향상을 위한 투자, 가격결정과 종업원에 대한 보상 등에 관한 제한된 범위의 자율적인 결정을 할 수 있는 권한을 부여한 것이다. 코시긴의 경제개혁으로 수년간 소련의 총생산은 증가했지만, 경제개혁으로 인한 권한의 축소에 불만을 가진 공산당의 저항에 부딪혔고 1968년 군사적 침공으로 체코에서의 자유화를 짓누르고 몇 년 후 다시 기존의 계획경제로 복귀했다. 1979년에도 코시긴 총리는 유사한 경제개혁을 시도했지만 실패했다. 1985년에는 고르바초프(Mikhail Gorbachev)가 '개혁(Perestroika)'을 선언하고 국유기업의 자율성을 높이고 사기업의 설립과 사유재산을 허용하기 시작했다. 공산당 중앙위원회를 거쳐서 개혁이 시작되었지만 리투아니아를 비롯한 발트3국과 우크라이나 등의 독립으로 소련 연방이 해체되면서 고르바초프의 개혁은 꽃도 피기 전에 막을 내리게 되었다.

국유기업 중심의 계획경제는 국유기업 및 공산당 간부들에게 호화로운 생활을 보장해주었지만, 기업가정신을 빼앗고 기술혁신은 정체시키면서 삶의 수준을 더욱 악화시켰다. 소련 공산당이 60여 년간 실험해본 계획경제는 소비자들이 기본적인 생필품조차 구하기 어렵게 만들고 약 5분의 1의 가정은 실내 화장실조차 없을 정도로 궁핍한 생활을 하도록 만들었다. 60여 년의 실험에 실패하면서 소련이 붕괴된 이후 현재 지구상에는 중국, 베트남, 쿠바, 라오스, 북한의 5개국만이 공산권 국가로 남아 있을 뿐이다. 소련이나 동구권과 달리 중국은 인공지능을 비롯한 첨단기술에 있어서 미국과 어깨를 견줄 정도로 발전했고, 베트남은 제2의 세계공장으로 발돋움할 수 있었다. 중국과 베트남의 발전은 계획경제의 효율성 때문이 아니라 수십 년간의 실패를 경험하고 난 후에 상공업의 자유와 사유재산을 보장하는 시장경제의 원리를 도입했기 때문이다. 공산권 국가들의 흥망성쇠는 국유기업 중심의 계획경제의 치명적인 한계를 보여주고 동시에 자유와 재산권 보장을 토대로 한 시장경제의 효율성을 입증한 것이다.

사회주의 시장경제

소련과 마찬가지로 중국도 초기에는 마오쩌둥(毛澤東)의 주도 하에 국유기업과 집단농장 중심의 계획경제를 실험하면서 산업화를 추구했다. 마오쩌둥의 계획경제는 핵무기 개발을 비롯한 군수산업 중심의 산업화에 상당한 효과를 보였지만 최빈국의 경제를 살리는 데 별다른 기여를 하지 못하고 인민들의 삶을 더욱 어렵게 만들었다.[72]

---

72 마오쩌둥이 사망한 1976년 당시 중국의 1인당 국내총생산은 북한의 3분의 1 수준에 해당하는 166달러에 불과한 수준에 머물렀다. Per Capita GDP at current prices in US Dollars (all countries), United Nations Department of Economic and Social Affairs, Statistics Division.
https://unstats.un.org/unsd/snaama/Downloads

중국 공산당은 일본이 항복한 후 국민당과의 중국 내전에서 인민들의 지지를 얻기 위하여 우선 지주들의 토지를 몰수해서 농부들에게 재분배하는 토지개혁(土改)운동을 펼쳤다. 토지개혁을 추진하면서 2백만 명가량의 지주와 상공인 및 국민당 간부들은 인민의 적 내지 경제적 기생충이라고 비판받으면서 처형되었고, 150만 명 내지 4백만 명은 형사처벌의 일환으로 농장에서 노동개조(劳动改造)를 받고 그 중 상당수는 실종되었다.[73] 수백만 명의 처형 내지 실종은 토지개혁을 위해서가 아니라 공산당과 마오쩌둥 자신의 권력을 강화하기 위하여 필요한 소지였나.

마오쩌둥은 중국 내전에서 승리를 확신하면서 1949년 중화인민공화국의 건국을 선언하고 집단농장의 방식으로 생산성 향상을 추구했다. 건국 직후에는 5개 농가로 구성된 소규모 단위에서 시작하여 차츰 차츰 대규모로 확대되어 1954년에는 모든 농부들이 집단농업조합에 가입하는 것을 사실상 강제했다. 다른 한편, 1953년에는 동독의 노동자들이 대규모 시위를 하고 1956년에는 헝가리 학생들이 정치 경제적 개혁을 외치며 시작한 시위가 헝가리 전체로 확산되고 같은 해 폴란드 노동자들도 대규모 시위를 해서 폴란드 공산당으로 하여금 스탈린주의 종식을 선언하게 만들었다. 동구권의 사태를 보면서 마오쩌둥은 중국의 정치 경제적 개혁의 필요성을 주장하면서 1958년에 '대약진(大跃进)운동'을 선언하고 농부들의 토지소유를 전면 금지하고 모두 국유 농장에서의 노동을 강제했다. 집단농장은 할당량의 산물을 도시에 보내야 하고 고정된 가격

---

73 Kuisong, Yang, Reconsidering the Campaign to Suppress Counterrevolutionaries, 193 The China Quarterly 102 (March 2008).

으로 일정량을 정부에 추가 판매하는 것이 사실상 강제되기 때문에, 농부들은 먹고 살기도 어렵게 되었고 집단농장 참여에 저항하는 농부들은 반혁명세력으로 처벌의 대상이 되었다.

대약진이 시작된 다음 해 1959년부터 3년간 약 1,500만 명 내지 5,500만 명이 굶어 죽는 대기근(三年大饥荒)이 발생하고 국내총생산은 오히려 감소했다.[74] 산업화에 있어서도 머오쩌둥은 15년 이내에 영국을 뛰어넘겠다고 선언했지만 기술혁신의 정체를 벗어나지 못했다. 10억 명이 넘는 농부들을 동원하여 도로, 교량, 운하 등을 건설하는데 어느 정도 양적인 목표에는 도전했지만 기술혁신의 필요성은 무시한 채 오직 1930년대 대장정의 전략으로 농부들의 열정과 희생에만 의존했다. 예컨대, 기간시설을 만들고 산업화를 추진함에 있어서 엄청난 분량의 철강이 필요한데, 마오쩌둥은 기술혁신이 없이 기존의 '민간제강(土法炼钢)'법에 의하더라도 중국의 막대한 노동력으로 충분한 철강을 생산할 수 있다고 경제계획을 세우고 밀어붙였다. 농촌지역의 야산에 수많은 민간 용광로를 만들고 장작을 태워서 철광석을 제련하더라도 너무 많은 비율의 탄소를 함유한 조악한 선철(pig iron)을 생산할 수 있을 뿐이고 산업현장에서 활용할 수 있는 철강의 품질을 갖추기 어렵지만, 과학기술자들은 반혁명 엘리트 지식인으로 처벌받을지 모른다는 두려움 속에 감히 기술혁신의 시도는 물론이고 과학적 진실조차 말할 수 없었다.[75]

대약진운동은 중국을 농업사회에서 산업화사회로 변화시키기

---

74 Xin Meng, Nancy Qian, Pierre Yared, The Institutional Causes of China's Great Famine, 1959-1961, 82 Review of Economic Studies 1568 (2015).

75 Ying Qian, Revolutionary Becomings: Documentary Media in Twentieth-Century China (Columbia University Press, 2024).

위한 것이었지만 실패로 끝나고 마오쩌둥의 권위는 추락했다. 류사오치(刘少奇) 국가주석과 덩샤오핑(邓小平) 총서기는 실용주의에 입각한 정책의 대전환을 시도했다. 그러나 베이징(北京)대 학생들을 비롯한 청년들의 불만은 가라앉지 않았다. 칭화대부속고등학교(清华大学附属中学) 학생들은 자신을 홍위병(红卫兵)이라고 부르면서 학교의 부르주아 성향을 비판하는 것으로부터 출발했지만, 홍위병은 중국 전역으로 확산되고 학생뿐만 아니라 다양한 청년들이 합류하면서 공산당과 관료들에 대한 불만을 표출했다. 홍위병은 마오쩌둥의 어록을 담은 조그만 빨간색 책자 모주석어록(毛主席语录)을 갖고 다녔고, 그 어록에는 "정치권력이 총구에서 나온다(枪杆子里面出政权)"는 것도 포함되어 있었다. 홍위병은 마오쩌둥의 주장에 따라 낡은 사상, 문화, 풍속, 관습을 타파하여 사회주의를 실현하는 무산계급문화대혁명(无产阶级文化大革命)의 행동대원이 되었을 뿐만 아니라 모주석어록에 따라 총칼을 포함한 무력사용에 서로 앞장서려고 했다. 마오쩌둥은 대약진운동의 실패로 정치적 위기에 몰려있었기 때문에 자신도 홍위병 완장을 차고 홍위병의 활동을 지지했다.

문화대혁명은 문화파괴 및 대량학살의 결과를 초래했다. 공자의 무덤과 사당을 비롯한 엄청난 문화유적을 파괴하고, 학생이 학생들 앞에서 선생을 죽이는 방식으로 기존의 질서를 철저히 파괴했다. 총살, 교살, 생매장, 익수, 참수, 자살유도 등의 다양하고 잔인한 방법으로 수백만 명의 지주, 부농, 반혁명 지식인, 조선족과 같은 소수민족 등을 처형했다.[76] 마오쩌둥은 문화대혁명으로 정치권

76 Andrew G. Walder, Rebellion and Repression in China, 1966-1971, 38 Social Science History 513 (2014).

력을 다시 쟁취하고 유지하는 데 성공했지만, 중국은 대규모의 문화파괴와 경제적 퇴행을 경험했을 뿐이다. 마오쩌둥은 반봉건 반제국주의를 외쳤지만 소련과의 관계가 악화되고 소련의 지원이 중단되자 1972년 미국대통령 닉슨(Richard Nixon)과의 역사적인 회담을 갖는다. 마오쩌둥은 1976년에 사망하고 이어서 덩샤오핑의 개혁개방(改革开放) 정책으로 중국의 시장경제는 빠른 속도로 살아난다. 중국의 사회주의 시장경제 또는 국가 자본주의는 붕괴의 운명을 맞이했던 소련식 사회주의와 달리 소위 중국식 사회주의로 발전할 수 있는 계기를 마련해준 것이다.

덩샤오핑의 개혁개방은 기존의 마오주의를 버리고 시장경제의 원리를 도입하는 것이었다. 집단농장의 폐지, 기업의 이윤추구 허용, 경제특구를 통한 외국자본 유치로부터 시작했다. 우선, 농업분야에서는 집단농장의 방식을 버리고 농가책임제(家庭联产承包责任制)로 바꾸어 생산성 증가의 충분한 인센티브를 제공했다. 농가는 국가에서 정한 할당량에 한하여 국가에 판매해야 하지만 어떠한 농작물을 생산할지 그리고 할당량 이외의 추가 생산물을 어떻게 판매할지에 관한 자유가 허용되었다. 농부에게 주어진 약간의 자유와 이윤보장이 기아상태를 벗어나서 8.2%의 농산물 생산 증가와 50%의 농산물 가격인하를 가져다 주었다.[77]

기업가들도 국유기업과의 계약체결에 의하여 국유기업을 직접 운영할 수 있는 기회가 주어졌고, 이중가격제를 인정하여 기업들이

---

77 Jikun Huang, Agriculture in China's Development: Past Disappointments, Recent Successes, and Future Challenges, China's Great Transformation (edited by Loren Brandt, Thomas Rawski, Cambridge University Press, 2008), pp. 478-480.

제한된 범위에서 시장가격으로 제품을 판매할 수 있는 자유가 허용되었다. 또한, 선전(深圳市)과 같은 경제특구(經濟特區) 그리고 몇 년 후 해안개방지구(沿海开放城市)를 지정하여 외국기업의 투자와 기술이전을 유도하고 경제특구에서는 관료적 규제나 개입없이 자유롭게 경제활동을 보장하여 경제성장의 동력을 만들었다. 1980년대에는 보다 본격적으로 국유기업의 민영화, 가격통제의 폐지, 규제완화를 추진했다.

소련이 몇차례 시도한 개혁은 공산당이 추진한 하향식 개혁인데 반하여, 덩샤오핑의 개혁개방은 개인과 관료들이 지방에서 새로운 제도를 실험하고 성공적인 제도를 적극적으로 추진하는 상향식 개혁을 선택했다. 덩샤오핑은 개혁개방의 구체적인 아이디어를 제시하지 않았지만 지방 관료의 성공적인 아이디어와 제도를 신속하게 승인하고 파격적인 승진을 보장하면서 전국적으로 성공적인 아이디어와 제도를 확산시켰다.

덩샤오핑의 개혁개방은 기본적으로 마오쩌둥 시대의 혼란을 없애고 중국식 사회주의를 정상화(拨乱反正)하기 위하여 경제개혁뿐만 아니라 정치개혁도 필요하다고 보았다. 사회주의 시장경제의 도입과 병행하여 민주주의와 과학을 장려하고 자유, 인권, 법치와 같은 보편적 가치를 점진적으로 수용해야 한다고 주장했다. 덩샤오핑의 정치개혁은 중국의 신 계몽주의에 불을 붙여서 10년 정도 지속되었다.

1980년대 말에 동구권이 붕괴되고 1989년에 천안문 광장에서 학생 주도의 시위가 일어나면서 정치개혁과 신 계몽주의는 변곡점을 맞았다. 1989년 4월 15일부터 학생들은 시장경제의 도입으로 희생된 소외계층의 불만을 대변하고 언론 및 표현의 자유를 비롯한 민주주의 실현을 주장하면서 천안문 광장에서 한달 이상 시위를 계속했다. 중국 정부는 대화를 시도했지만 시위 자체가 특정 단체에 의하여 조직적으로 이루진 것이 아니고 주장도 다양해서 해결책을 찾기 어렵다고 판단하고 5월 20일 계엄령을 선포했다. 베이징(北京)뿐만 아니라 광저우(广州) 등 5개 지방도 포함하여 전국적으로 18만 내지 25만 명의 인민해방군이 이동하기 시작했지만 학생들의 저지로 베이징 시내로 진입하지는 못했다. 세계에서 가장 커다란 규모의 비밀정보조직 국가안전부(国家安全部)는 덩샤오핑을 비롯한 공산당 지도부에 상황보고를 하면서 군사력에 의한 시위해산을 건의했다. 국가안전부의 보고내용은 학생 주도의 시위와 혼란이 주로 '미국의 소리(Voice of American: VOA)' 방송과 미국 정보요원들의 개입으로 영향을 받아서 중국에 부르주아 자유주의가 확산될 수 있다고 하는 위험성과 심각성을 지적했다. 인민해방군은 6월 3일 저녁에 탱크를 앞세우고 천안문 방향으로 진격했고 6월 4일 새벽에 천안문 광장에 도착할 때까지 300명 내지 3천여 명의 사망과 7천명 이상의 부상을 초래했다.[78]

천안문 항쟁과 대학살로 중국의 시장은 멈춰 섰고 정치개혁은 중단되었다. 그러나 덩샤오핑은 "고양이가 쥐만 잡으면 검은 고양이든 흰 고양이든 상관없다(不管黑猫白猫)"고 하는 실용주의 철학을 다시 제창했다. 덩샤오핑은 계획경제나 시장경제는 자원 배분의 도구일 뿐 정치 제도와는 무관하다는 점을 강조하면서 사회주의적 시장경제는 계속 유지되어야 한다고 주장한 것이다. 정치적 혼란으로

---

78 Timothy Brook, Quelling the People: The Military Suppression of the Beijing Democracy Movement (Stanford University Press, 1998), at 167.

인하여 2년간 경제성장률이 절반 이하로 하락했지만, 덩샤오핑의 개혁개방이 시작된 1978년부터 시진핑(习近平)이 국가주석으로 취임한 2013년까지 연평균 9.5%의 놀라운 경제성장을 기록했고 14억 인구가 빈곤에서 벗어날 수 있게 되었다.[79] 중국의 사회주의 시장경제는 베트남의 경제개혁에 절대적인 영향을 미쳤다.

덩샤오핑은 개혁개방을 주장하면서 "창문을 열면 파리가 날아들 것"이라고 경고했다. 중국을 시장경제로 이끌기 위하여 외국기업에 경제특구를 개방하면 서양 이데올로기와 같은 날파리들이 들어올 것이고, 중국 공산당의 가치와 정치적 제도를 날파리들로부터 보호해야 한다고 주장한 것이다. 중국이 경제적인 개혁개방을 추진하면서도 정치적으로는 천안문 항쟁을 대학살로 대응한 배경도 바로 날파리들로부터 중국 공산당의 정치적 제도를 보호해야 한다고 생각했기 때문이다.

1994년에 중국에 인터넷이 보급되기 시작한 이후 중국 공산당은 소위 날파리들을 막기 위한 파격적인 조치들을 취했다. 1998년에 중국민주당(中国民主党)이 창당되었는데, 공산당이 통제할 수 없는 강력한 네트워크를 형성할 것이라는 우려가 제기되었고, 중국 정부는 즉시 중국민주당의 주요인사를 체포하고 정당활동을 금지했다. 그리고 같은 해 인터넷에서의 날파리를 차단하기 위한 황금방패프로젝트(金盾工程)를 시작했다. 정부가 직접 통신망, 데이터베이스, 공유플랫폼, 그리고 그 하위 시스템으로 네트워크 방화벽을 구축했다. 2천 년 전에 북방 외적의 침략을 막기 위하여 만리장성

---

79 세계은행 국가별 국내총생산 통계 (https://data.worldbank.org/indicator/NY.GDatMKTatKD.ZG?locations=CN).

을 쌓았듯이 중국 정부는 인터넷상의 부르주아 콘텐츠를 차단하기 위하여 방화장성(防火长城)이라는 방화벽을 구축한 것이다. 그 당시만 해도 기술이 부족했던 중국 정부는 황금방패프로젝트를 구축하는 데 서방 기업들을 참여시켰다. 시스코(Cisco)를 비롯한 서방 기업들은 중국의 방화장성과 인터넷 검열로 인하여 중국에서 더 많은 사업기회를 얻을 수 있다고 보고 프로젝트에 적극 참여했다.

2001년에는 중국이 세계무역기구(WTO)에 가입하면서 21세기에 중국이 전세계를 지배하는 중국몽의 실현에 한 걸음 더 가까이 가게 되었다. 과거에는 미국의 GAFAM(구글, 애플, 페이스북, 아마존, 마이크로소프트) 및 테슬라가 기술혁신을 선도해왔지만, 이제는 중국의 BATX(바이두, 알리바바, 텐센트, 샤오미)가 인공지능을 포함한 기술혁신에 있어서 결코 뒤지지 않고 화웨이(华为) 폴더블폰이 전 세계 폴더블 스마트폰 시장점유율 1위를 차지하고 DJI 드론과 BYD 전기차가 전세계 시장을 휩쓸고 있다. 이러한 중국기업의 성공과 기술혁신 뒤에는 황금방패프로젝트와 방화장성이 절대적인 역할을 했다. 중국의 방화장성이 서방의 콘텐츠를 자유롭게 유통시키는 구글, 페이스북, 트위터, 넷플릭스 등의 중국 접근을 차단했기 때문이다. 중국의 방화장성은 외국의 첨단기업들의 경쟁을 막아주고 BATX를 비롯한 중국 기업들은 8억 명의 중국 네티즌들을 독점하면서 수익창출과 기술혁신을 이룰 수 있었다. 그러나, 천안문 대학살 이후 신계몽주의는 사라졌고 방화장성은 극도로 효율적인 검열과 규제의 도구로 활용되고 있어서 앞으로 중국식 사회주의가 기술혁신과 경제성장을 지속해나갈 수 있을지 지켜볼 일이다. 정치적 자유가 없더라도 어느 정도 경제적 자유와 재산을 보장하면서 기술혁신과 경제성장을 이끌어내는 중국식 실험은 8년 후에 중대한 선택을 해야 할지 모른다.

베트남과 북한

1976년 중국은 마오쩌둥의 사망과 동시에 계획경제 대신 시장경제원리를 도입한 개혁개방을 준비하고 있을 때, 베트남은 베트남 선생을 끝내고 사회주의공화국을 건국하면서 남베드남의 부르주아 성향의 30만 명을 재교육 캠프로 보내서 고문, 아사, 질병 속에 노동을 강요하고[80] 농장과 공장을 집단화했다. 베트남은 건국 이후 코메콘의 회원국으로서 소련의 지원을 받았지만 1980년대에 들어오면 그 지원도 줄어들고 계획경제의 한계로 인하여 인민들의 삶은 더 피폐해졌다.[81] 인민들에게는 경제적 활동의 자유가 없었을 뿐만 아니라 정치적 자유도 없기 때문에 계획경제와 시장경제 사이에서 더 좋은 제도를 선택하거나 주장할 수도 없었다.

중국에서 마오쩌둥이 사망하면서 개혁개방을 주장하는 덩샤오핑이 공산당의 실권자로 등장할 수 있었던 것처럼, 베트남에서도 1986년 7월에 르 드완(Le Duẩn) 당서기가 사망하고 같은 해 12월 베트남 공산당 전국대표대회는 개혁파 응우옌 반 린(Nguyễn Văn Linh)

---

80 Ginetta Sagan and Stephen Denney, Re-Education in Unliberated Vietnam: Loneliness, Suffering And Death, The Indochina Newsletter (October-November 1982).

81 UN Data에 의하면 76년 당시 베트남의 개인소득은 94달러였지만 10년 후 82달러로 줄어들었다. https://data.un.org/Data.aspx?q=Viet+Nam+gdp&d=SNAAMA&f=grID:101;currID:USD;pcFlag:1;crID:704.

을 당서기로 선출했다. 응우옌 반 린은 르 드완과 달리 사기업 허용, 외국인 투자 유치, 자유시장의 인센티브 제공과 같은 '도이모이(Đổi Mới)' 혁신을 추진했다. 시장경제의 제도를 중심으로 혁신을 추구한 결과 베트남은 아시아금융위기, 미국재정위기, 코로나위기를 제외하고 현재까지 연평균 6.9%의 높은 경제성장을 실현하고 있다.

중국과 베트남은 시기의 차이는 있어도 건국 초기에 계급투쟁의 이념과 계획경제를 추진하던 제1세대 지도자가 사망한 이후에 사회주의적 시장경제의 원리를 추구하기 위하여 개혁개방 내지 혁신의 길을 선택했다. 북한도 소련의 붕괴 그리고 중국의 발전을 잘 지켜보았고 제1세대 지도자가 사망한 이후에 먹고사는 문제를 해결하기 위하여 제도 변화를 시도할 수 있었지만 몇 번의 변화 기회를 모두 잃고 최빈곤국에 머물고 있다. 북한은 베트남처럼 건국 초기에 소련의 지원을 받고 중국과 국경을 마주하고 있어서 중국에서의 변화를 가장 잘 알고 있지만, 베트남과는 달리 북한의 지도자는 세습되면서 소련과 북한 및 베트남에서의 변화를 반영하지 못했다. 베트남에서는 제1세대 지도자가 사망한 이후에 인민들에게는 선택의 자유가 없었지만 최소한 공산당 간부들은 사상논쟁 내지 아이디어 경쟁의 기회를 가지고 사회주의적 시장경제를 선택했다. 그러나 북한에서는 인민들도 공산당 간부들도 선택의 기회를 가질 수 없고 통치권력을 세습한 제2세대 지도자는 노동당 간부들의 아이디어 경쟁보다 충성도를 더 중시했다. 국경선 근처의 경제특구설치와 같은 제도혁신은 번번이 김일성주의 내지 주체이념에 자리를 양보할 수밖에 없었던 배경에는 통치권력의 세습이라고 하는 봉건적 질서가 자리잡고 있다.

북한은 6·25전쟁 이후 소련과 중국의 지원 하에 상당히 빠른 속도로 경제회복을 달성했지만, 1970년대부터 계획경제의 비효율성과 한계로 어려움을 겪었고, 소련의 붕괴로 인하여 1990년부터 8년간 국내총생산 3분의 1이 감소하는 심각한 역성장을 기록했다.[82] 북한은 주체이념을 고집하면서 역성장하는 동안 남한은 북방정책(Nordpolitik)으로 러시아, 중국 등과 수교하면서 같은 기간 8.3%의 높은 경제성장을 이룩했다. 국내총생산에 있어서 남북 간 극명한 차이를 보인 것은 계획경제와 시장경제의 차이로 인한 것이다. 중국과 베트남의 변화를 보면 북한도 김일성이 사망한 1994년에 새로운 경제적 제도를 실험하거나 선택할 수도 있었을 것이다. 그러나 북한은 중국이나 베트남과 전혀 다른 길을 택했다.

김일성의 사망 후 권력을 세습한 김정일은 개혁개방보다 주체이념을 더 중시했다. 김일성이 사망한 다음 해부터 수년간 기록적인 홍수와 흉작으로 심각한 위기를 맞이했지만 북한은 주체이념과 고난의 행군을 강요하면서 식량수입 대신에 자급자족을 고집했다. 고난의 행군과 대기근으로 인하여 1990년 후반에 약 30만 명 내지 80만 명 정도의 아사자가 발생하고[83] 중국으로 피난을 갈 수밖에 없었던 많은 북한 주민들은 꽃제비 신세가 되기도 했다.

소련 붕괴 후 북한은 한편으로 개혁개방을 시도하면서 다른 한편으로 1989년 중국의 천안문 광장에서의 시위와 대학살을 보면서 세습제 권력의 유지를 위하여 주체이념과 경제적 자립을 더 강조

---

82 Vincent Koen and Jinwoan Beom, North Korea: The last transition economy?, OECD Economics Department Working Papers No. 1607 (OECD, 2020), at 8.

83 Federal Research Division, Library of Congress, North Korea: a country study (Library of Congress; edited by Robert L. Worden, 2008), at 156.

했다. 북한은 1991년에 나진선봉경제특구, 1998년에 금강산관광특구, 2001년에 신의주경제특구, 2002년에 개성공업지구를 설치하고 평양을 비롯한 각 지역에 장마당을 허용했다는 점에서 시장경제의 원리를 도입하기 위한 개혁개방을 추진했다는 점을 부인할 수 없다. 그러나, 세습제 권력에 도전하는 경제력의 등장을 차단하기 위하여 김정일은 의도적으로 경제특구와 시장경제에서의 기업과 개인의 경제활동에 대한 개입 내지 통제의 여지를 남겨 놓았다.[84] 세습제 정권의 유지를 위한 하향식 개혁개방은 성과를 내기 어려웠다.

중국과 베트남은 경제특구에서의 시장경제 실험을 통하여 전국적으로 시장경제를 확산하면서 기업과 개인의 생산활동 및 기술혁신의 인센티브를 제공했다. 그러나, 북한은 경제특구에서의 경제활동을 철저히 통제하고 그 수익을 착취해갔을 뿐만 아니라 오히려 시장경제의 확산을 차단했다. 세습제 권력의 유지를 위한 주체이념과 선군(先軍)정치는 외국 기업들의 투자를 더 어렵게 만든 원인이 되었을 뿐이다. 세습제 권력은 군사기술을 발전시키는 데 모든 자원을 투입했기 때문에 주체이념과 권력은 지킬 수 있었지만 경제활동에 긴요한 전기와 전구 생산에 있어서는 아직도 1960년대를 벗어나지 못하고 있다.

2011년 김정일이 갑자기 사망한 때에도 북한은 개혁개방을 추구할 새로운 지도자를 선출할 수 있는 또 한 번의 좋은 기회를 가졌지만 김정은의 권력세습으로 인하여 그 기회를 놓쳤다. 김정은은 국경부근에 다수의 소규모 경제특구를 추가로 신설하여 중국을 비롯한

---

84 Federal Research Division, Library of Congress, North Korea: a country study (Library of Congress; edited by Robert L. Worden, 2008), pp. 165-178.

외국의 투자를 유치하려고 했지만 별다른 성공을 보지 못했다. 경제특구의 법제도가 불명확하여 계약의 집행과 재산 보호를 기대할 수 없고 투자위험이 너무 크다고 본 외국 기업들이 투자를 꺼렸기 때문이다.[85] 경제특구에서의 경제활동은 전기, 수도, 도로 등의 최소한의 기간시설을 필요로 하는데, 북한은 그러한 기간시설을 구축할 능력이나 의지를 갖추고 있지 못한 것이다. 통치권력을 세습한 지도자들에게는 개혁개방을 통한 경제발전보다 경제특구를 담당한 공산당 간부와 신흥 상공인들의 경제력이 자신의 권력에 도전해올지 모른다는 불안과 위험이 더 심각한 문제인 것이다. 김정은은 자신의 고모부 장성택을 처형한 이유의 하나로 장성택이 막대한 경제적 부를 모은 것이 개인적인 횡령이고 인민공화국을 팔아먹은 범죄라고 지적했다.[86] 북한 노동당과 군부의 간부는 지적 능력과 이념적 충성도를 기준으로 선발될 뿐만 아니라 하루에 2시간씩 이념공부를 해야 하는 것으로 알려져 있다. 소수의 노동당 및 군부 간부들은 세습 지도자에 충성을 바치면서 제한된 범위에서 권력을 향유할 뿐만 아니라 경제적 이익도 독점하고 있기 때문에 계획경제보다 시장경제를 선택해야 할 절실한 필요성을 느끼지 못한다.

북한: 윤대규, North Korea abandoned Marxism-Leninism in 1992.

85 Vincent Koen and Jinwoan Beom, North Korea: The Last Transition Economy?, OECD Economics Department Working Papers No. 1607 (OECD, 2020), at 28.

86 Alastair Gale, What North Korea Said About Jang Song Thaek, Wall Street Journal (Dec. 12, 2013).

02 CHAPTER

시장의 변화

CHAPTER 02

시장의 변화

인류의 역사를 보면 시장이 발달한 곳에서 노동의 분업과 부국강병이 나타났다. 다만, 지역에 따라서 시장의 규모와 기능에 커다란 차이가 있고, 같은 지역의 시장도 시대에 따라 발달하기도 하고 퇴보하기도 하는 등 다양한 변화를 보여준다. 이러한 차이와 변화의 뒤에는 지리적 특징 및 주변국과의 지정학적 요인이 자리잡고 있다. 그러나, 지리적 특징이나 지정학적 요인이 유사더라도 항상 동일한 모습으로 시장의 변화가 나타나지는 않는다. 경제적으로 시장이 제 기능을 발휘하기 위해서는, 법적으로도 합리적이고 효율적인 시장질서를 뒷받침해주는 제도가 갖추어져야 하기 때문이다.

시장에서는 자유로운 경쟁이 가능하며, 경쟁적으로 돈을 벌려고 하는 의욕을 부추기는 인센티브가 있고, 치열한 노력의 결과 모은 재산이 보호받을 수 있는 질서가 전제되어야 한다. 이러한 질서가 형성된 지역에서는 시장이 발달하고 노동의 분업이 나타나며 기술혁신이 활발해진다. 반대로 상공업을 천시하거나 상공업 활동의 자유를 제한하면서 권력에 의한 사유재산의 침해가 가능한 지역에서는 시장이 발달할 수 없고 경제적 몰락을 맞이하게 된다.

인간은 재산욕과 같은 기본적인 욕구를 갖고 있기 때문에, 상공업 활동이 자유롭고 사유재산이 보호되는 시장 질서 속에서는 누구든지 돈을 벌기 위한 치열한 노력과 경쟁을 하게 된다. 그런데 돈을 벌려고 하는 의욕을 부추기는 인센티브가 있다면, 그 노력과 경쟁은 더욱 치열해지고 시장은 더욱 발달하며 노동의 분업과 기술혁신은 더욱 촉진될 것이다. 고대사회에서부터 군주가 명품을 만든 장인에게 표창을 하거나 상금을 하사하는 것은 상공인들에게 커다란 인센티브가 된다. 오늘날 노벨상처럼 민간 또는 정부기구들이 수여하는 다양한 상금과 시상제도 또한 과학적 발견과 기술혁신을 촉진하는 인센티브가 된다. 중세 말부터는 상공인에게 판매특권을 부여하거나 새로운 기술에 대하여 특허권을 부여하는 것과 같이 재산권 방식의 인센티브가 개발되고 활용되기 시작했다. 오늘날 대부분의 국가들은 새로운 기술에 대한 조세 및 재정지원을 하고 특허권을 비롯한 지적재산권을 부여하는 인센티브를 활용하고 있다. 이와 같이 다양한 형태의 인센티브에 힘입어 기술혁신이 이루어지면, 새로운 기술은 시장에 커다란 변화를 일으키고 심지어 기존의 시장을 파괴하고 새로운 시장을 만들기도 한다. 따라서 국가의 흥망성쇠는 다양한 인센티브를 활용하여 시장의 발달을 도모하고 있는지 그리고 시장변화에 대응하여 합리적인 법제도를 마련하고 기업들의 자유로운 경쟁을 확보하면서 동시에 소비자의 후생을 극대화할 수 있는지에 달려있다.

길드의 판매특권

중세 말 유럽에서 상공업자 길드(Guild)가 많이 등장했다. 길드는 상공업자들이 시장에서 자신들의 직업적 이익과 기술을 보호하기 위하여 만든 단체로 출발했지만 판매특권을 부여받는 경우도 많았다. 중세 말 노동의 분업을 반영하여 세분화된 직업별로 다수의 길드가 등장했는데, 예를 들면 금속 세공인 길드에도 대장장이, 칼 제작자, 자물쇠 제작자, 못 제작자 등의 다양한 길드가 있었다. 길드는 세분화된 기술의 학습과 발전을 도모하기 위하여 수련공/도제(apprentice)가 기술을 학습하고 훈련을 받아서 기능공(journeyman)이 되고 우수한 기술로 좋은 제품을 만든다고 평가받을 때 비로소 장인(master)이 된다고 하는 내부규칙을 갖고 있었다. 또한 길드는 기술유출을 방지하기 위한 상세한 조합규칙을 두고 제품의 생산 및 판매 독점을 통한 수익 극대화를 추구했다. 예컨대, 베니스 유리제조업자 길드는 영업시간, 도제제도, 기술명세, 유리제품 품질, 원재료 등에 이르기까지 상세한 규칙을 정해서 운영했다. 또한 베니스 유리제조업자 길드는 그들의 유리제조기술이 외부로 유출되지 않도록 철저히 관리하면서, 길드조합원이 베니스 지역 밖으로 나가서 유리제품을 제조하는 경우에 금전적 내지 육체적 제재를 가하고 길드조직에서 축출했다.[1]

베니스를 비롯한 이태리 북부의 도시국가들은 보다 많은 조세수입을 안정적으로 확보하기 위하여 다수의 상공인 길드에 생

---

1 Joanna Kostylo, 'From Gunpowder to Print: The Common Origins of Copyright and Patent,' The History of Intellectual Property Law (edited by Oren Bracha, Edward Elgar Publishing Ltd., 2018), pp. 54-55.

산 및 판매의 독점적인 권한을 부여했다. 예컨대, 베니스 공화국은 유리제조업자 길드를 보호하기 위해서 유리제품의 수입을 금지하고 길드의 독점적인 생산과 판매 권한을 보장했다. 도시국가들은 길드에만 의존하지 않고 더 나아가 새로운 기술을 보유한 장인들에게도 자신의 제품을 독점적으로 생산하고 판매할 수 있는 특권(letters patent)을 부여하기 시작했다. 예컨대, 1421년 이태리 건축 및 디자인의 시조라고 일컬어지는 필리포 브루넬레스키(Filippo Brunelleschi)가 피사로부터 플로렌스까지 아르노(Arno)강을 통해서 대리석을 운송하는 선박을 개발하자, 플로렌스 공화국은 브루넬레스키에게 3년간 그 선박을 생산하고 이용할 수 있는 특권을 부여한 바 있다.[2] 대리석의 운반은 중요한 과제라서 많은 관심과 기대를 모았지만, 브루넬레스키가 그 특권을 가지고 실제로 건조한 선박은 불행히도 아르노 강에서 침몰하고 말았다. 브루넬레스키는 선박침몰로 인해서 사업에 실패하고 자신의 재산 3분의 1을 상실했지만, 독점적 권리를 부여해서 새로운 발명과 기술의 개발을 촉진하기 위한 인센티브로서의 재산권 개념이 탄생해서 근대적인 특허권 개념으로 진화하는 계기를 마련했다. 새로운 기술을 장려하기 위한 제조판매 특권의 개념은 인류 최초의 근대적인 특허법의 형태로 진화해서 1474년 베니스 특허법으로 탄생한다. 발명가 또는 혁신적인 기업가에게 제조판매의 특권을 주는 특허제도는 베니스에서 시작된 이후[3] 서서히 유럽 전체로 확산된다.

---

2 Ikechi Mgbeoji, The Juridical Origins of the International Patent System: Towards a Historiography of the Role of Patents in Industrialization, 5 Journal of the History of International Law 403 (2003), at 412.

3 John F. Duffy, Harmony and Diversity in Global Patent Law, 17 Berkeley Technology Law Journal 685 (2002), p. 711.

베니스 특허법은 새로운 제품을 발명한 사람이 자신의 발명제품을 신고한 후 10년간 타인의 동일한 제품 생산을 금지할 수 있고, 자신의 허락 없이 동일한 제품을 생산한 자에게 100듀캇의 손해배상을 청구할 수 있다고 규정하고 있다.[4] 베니스 특허법은 그 제정 배경을 설명하면서, 발명제품을 모방하는 것은 사회에 아무런 도움을 주지 못하는 반면에, 유럽의 어느 지역에서 왔건 영리한 두뇌로 뛰어난 제품을 발명하는 사람들에게는 특권을 부여할 필요가 있다는 점을 강조했다. 베니스 특허법은 영국의 근대적인 특허법보다 150년 앞선 것이었다. 상공업자 길드 및 첨단기술보유 장인에게 부여한 판매특권과 특허법 제도는 상공인들에게 좋은 제품을 만들도록 유인하는 재산권 방식의 인센티브가 되었다. 베니스를 비롯한 이태리 북부도시들이 쟁취한 자치권, 상공업의 자유 그리고 재산권 방식의 인센티브는 상공인들로 하여금 무역과 상공업 활동에 있어서 치열한 경쟁을 하도록 만들기에 충분했다. 상공인들의 치열한 경쟁과 상공업의 발달 덕분에 이태리 북부의 도시국가들은 유럽에서 가장 부강한 지역으로 자리잡고 유럽에서 가장 먼저 르네상스의 꽃을 피웠다.

인쇄술과 출판시장

아무리 뛰어난 장인의 기술이나 제품도 시장이 없고 법제도의

---

4 노동자들의 평균 연봉이 450ducates이었음을 고려해보면 손해배상금 자체는 많지 않은 것으로 보인다. Ikechi Mgbeoji, Op.cit., pp. 413-414.

뒷받침이 없으면 성공할 수 없다. 금속활자 인쇄술이 시장과 법제도의 중요성을 잘 보여준다. 금속활자 인쇄술은 우리 인류의 4대 발명의 하나로서 먼저 개발되고 활용된 곳은 동양이지만, 출판시장을 발전시키고 르네상스와 사회정치적 변화를 가져온 곳은 유럽이었다. 인류 최초의 금속활자 인쇄술은 11세기 초에 송나라 비승(毕昇)에 의해서 개발된 것으로 알려져 있지만, 수천 자 내지 많게는 수만 자의 금속활자를 만드는 비용이 필사본이나 목판인쇄보다 훨썬 더 많이 들었기 때문에 금속활자 인쇄술은 중국에서 별다른 영향을 미치지 못했다.

중국의 종이와 인쇄술은 이슬람 왕조를 거쳐서 유럽에 전달된 것으로 알려져 있다. 중국에서 인쇄술은 출판시장의 발달에 별다른 기여를 못한 반면에, 1449년에 구텐베르크가 발명한 활자인쇄술은 유럽 전역에 거대한 출판시장을 만들었다. 그 후 불과 50년 사이에 출판서적이 10만 권에서 2천만 권으로 급증하고 1517년 시작된 마틴 루터의 종교개혁 팸플렛은 3년 사이에 30만 부가 배포되어, 구텐베르크의 금속활자 인쇄술이 르네상스 및 종교개혁의 원동력을 만들었다고 말할 수 있다.[5] 동양과 달리 서양의 인쇄술은 새로운 출판시장을 만들고 광고의 활용으로 시장의 작동방식을 바꾸고 새로운 차원의 인류 문명을 만들었다.

구텐베르크는 라틴어 성경을 인쇄했지만 판매하는 데 많은 어려움을 겪었고 출판사업의 적자로 인하여 가난 속에 생을 마감해야 했다. 구텐베르크 성경을 비롯한 인쇄물들이 귀족이나 수도승

5 정병석, 조선은 왜 무너졌는가 (시공사, 2016), 175쪽.

이 아니면 구입할 수 없을 정도로 비쌌을 뿐만 아니라 구텐베르크 인쇄소가 영업을 하던 독일 마인츠의 시장규모 자체가 너무나 미미했기 때문이다. 구텐베르크 인쇄술은 현지에서 빛을 보지 못했지만 시장활동이 왕성한 베니스를 비롯한 이태리 도시국가들에서 많은 판매와 수익을 올리는 다수의 인쇄소들을 통하여 널리 확산되기 시작했다. 15세기 이태리 도시국가들에서는 이미 상공업의 자유와 함께 시장규모가 커져 있었고 르네상스가 시작되어 플라톤, 아리스토텔레스의 명저로부터 시작해서 율리우스 카이사르의 갈리아 전쟁기에 이르기까지 로마 및 그리스의 고전에 대한 수요가 많았다. 이태리 도시국가의 인쇄소들은 출판물을 현지에서 판매했을 뿐만아니라 육상 및 해상 교역망을 통하여 널리 유럽 대륙으로 수출할 수 있었다.

인쇄술은 중세 말 유럽대륙이 깊은 잠에서 깨어나 본격적으로 르네상스를 시작하는 계기를 만들었다. 독일 마인츠에서는 시장규모가 작았기 때문에 구텐베르크가 판매하는 성경은 견습공 3년치 임금에 상당하는 비싼 가격이었지만, 이태리 도시국가에는 시장이 발달해서 출판물이 학교 선생의 한 달 치 월급 정도의 비교적 낮은 가격에 다량 판매될 수 있었다. 16세기에는 유럽대륙에도 출판시장이 커지기 시작해서 1517년 마틴 루터가 발표한 95개 논제는 불과 17일만에 런던에서도 다량 배포될 수 있었다. 마틴 루터는 일반 대중이 읽기 쉽게 신약성서를 독일어로 번역했고 루터의 신약성서 5천 부가 불과 2주일 만에 판매되었다. 인쇄술이 유럽의 종교개혁에 훌륭한 촉매가 되었음을 보여주는 순간이다.

유럽에서 금속활자 인쇄술로 인쇄된 서적 가운데 가장 오래된 것은 1450년대에 인쇄된 구텐베르크 성경으로 뉴욕 도서관에 소장되어 있다. 그러나, 구텐베르크 성경보다 더 오래 전에 금속활자 인쇄술로 인쇄된 것은 1377년에 청주 흥덕사에서 제작된 직지심체요절(直指心體要節: 직지심경으로 약칭)로 프랑스 국립도서관에 소장되어 있다. 직지심경을 보면 고려의 금속활자 인쇄술이 구텐베르크보다 70년 이상 앞서서 개발된 점은 명백하지만 커다란 시장을 만들지도 못하고 지식의 확산에 커다란 기여를 하지 못한 점도 명백하다. 중국과 마찬가지로 고려시대 전교시(典校寺)[6] 그리고 조선시대 교서관(校書館)과 같은 국가기관이 인쇄술을 독점했고 유교경전처럼 극소수의 양반 사대부가 필요로 하는 서적의 출판에 한정했기 때문이다.[7] 조선은 유교이념으로 인하여 상공업을 천시하고 시전(市廛)[8] 상인 외에는 상업활동을 금지하고 있어서 개인적으로 인쇄소를 만들고 서적을 출판해도 판매하기도 어려웠다.

상공업 활동을 천시하고 억제하는 유교이념의 뒤에서는 농업을 중시하는 농본주의도 있지만 그 당시 지배층이 상공인들의 경제력 강화 내지 권력에의 도전 가능성을 미리 차단하기 위한 목적도 숨겨져 있다. 조선의 왕실과 사대부들도 서적의 다량인쇄에 의해서 유교이념 이외의 지식과 정보가 일반대중에 전파되는 것도 원

---

6 고려 초기 내서성(內書省)은 성종 때 비서성(祕書省), 충렬왕 때 비서감(祕書監), 충선왕 때 전교서(典校署) 및 전교시로 그 명칭이 바뀌게 되었다: 강명관, 조선시대 책과 지식의 역사(천년의 상상, 2014), 34쪽.

7 예컨대, 조선시대에 가장 광범위한 규모로 인쇄해서 유포시킨 책으로 삼강행실도(三綱行實圖)와 같은 유교윤리 서적을 통해서 국가에 유교질서에 대한 무조건적인 복종을 심화시키는 결과를 가져다 주었다: 강명관, 전게서, 123쪽 내지 153쪽.

8 「전안(廛案)」이라는 상인등록부에 등록된 상점을 시전이라고 하는데, 이러한 시전으로 하여금 시전 이외의 상점 즉 난전(亂廛)의 활동은 엄격히 금지되어 왔고, 정조에 이르러 시전상인들의 금난전권(禁亂廛權)을 폐지하면서 상인들의 활동이 다소 자유로워지게 되었다.

하지 않았다. 예컨대, 조정의 주요결정과 인사사항은 관보에 게재되어 왔는데, 1577년에 선조는 일부 상인들이 그 관보내용을 활자로 인쇄하여 판매하자 국가기밀의 유출 우려를 근거로 30명의 관련자들을 처벌하기도 했다.[9] 기득권 보호를 위한 궤변으로 지식과 정보의 유통이 억제되었기 때문에 조선의 출판시장은 발전할 수 없었고 정치경제적 아이디어의 유통도 어려웠다. 임진왜란 이후에도 선조가 그대로 왕위를 유지할 수 있었던 배경이 바로 여기에 있었다. 임진왜란 이후에 중국에서는 명나라가 멸망하고 청나라가 들어섰고, 일본에서도 도요토미 히데요시(豊臣秀吉) 정권이 무너지고 도쿠가와 이에야스(徳川 家康)가 에도막부(江戸幕府)와 함께 근세 일본을 이끌어나가게 되었다. 그러나, 조선에서는 출판시장이 낙후되어 있고 명나라보다 더 교조적인 성리학이 지배하고 그와 다른 지식과 정보가 통제되고 있어서, 선조와 양반 사대부들은 아무런 책임도 지지 않고 자신들만의 생명과 권력을 지킬 수 있었다.

출판시장의 질서

조선에서는 시전상인을 중심으로 시장질서가 규제되었다면 유럽에서는 사전 및 사후의 검열을 통하여 출판시장이 규제되었다. 유럽에서도 권력을 가진 자가 자신의 권력을 위협하는 인쇄물의 출판을 차단하고 사상과 정보를 통제하려고 한 것은 마찬가지이

---

9 김정석, '세계 최초 일간 신문' 조보(朝報) 추정 문서 발견, 중앙일보 2017.4.18. 자 (http://news.joins.com/article/21486760 방문 2018.1.5.)

다. 중세 말 유럽에서 가장 커다란 종교 및 정치 권력을 가지고 있었던 가톨릭 교회는 교리에 반하거나 교회를 비난하는 내용의 책은 출판을 금지했다. 로마 교황청은 1571년부터 금서목록을 공표했는데, 종교개혁을 주장한 마틴 루터의 작품들을 포함하여 다수의 금서목록을 공표했다. 코페르니쿠스(Nicolaus Copernicus)가 지구가 태양 주위를 공전하고 있다고 하는 내용으로 저술한 책 '천체의 회전 (On the Revolutions of the Heavenly Spheres)'은 지구 중심의 가톨릭 세계관에 반한다고 해서 금서목록에 오르게 되었다. 가톨릭 교회나 서적의 출판 전에 사전 검열하고 사후에 금서를 불태우기도 했고 금서를 계속 배포한 경우에는 종교재판을 통해 처단하기도 했다. 따라서, 출판사들은 교회와의 갈등을 피하기 위해 자기 검열하거나 논란의 여지가 있는 내용을 수정하거나 삭제하기도 했다.

유럽의 교회뿐만 아니라 군주들도 출판물에 의한 위협을 차단할 수 있는 방법을 모색했다. 각 지역의 군주들은 지식과 사상을 통제하기 위하여 출판업자 또는 길드(Guild)에 출판허가 내지 특권을 부여하는 대신 출판업자들이 불온서적의 검열과 조세 납부의 의무를 부담하도록 했다.[10] 영국에서는 출판시장이 커지면서 출판업자 길드(Stationers' Company)가 아주 왕성한 활동을 했다. 영국의 출판업자 길드는 1403년에 필사본을 만드는 필경사와 제본사 그리고 서점상인뿐 아니라 작품을 창작하는 작가와 삽화를 그려넣는 일러스트레이터가 함께 결성한 조합으로 출발했다. 출판업자 길드는 1557년 Mary 여왕으로부터 출판특권을 부여받고 불온서적의

10 Stina Teilmann, British And French Copyright: A Historical Study Of Aesthetic Implications (Ph.D. thesis, University of Southern Denmark, 2004), at 15.

검열, 무단복제 방지, 조세 납부 등 다양한 기능을 수행했다. 특권은 형사처벌의 막강한 권한까지 포함하고 있었다. 길드 소속 출판업자의 감독이 어느 인쇄소에서 불온서적이나 무단복제물을 발견하면 그러한 불법적인 인쇄를 하는 사람에게 징역처분을 내릴 수 있었다. 영국에서는 16세기에 본격적으로 개신교 종교개혁 그리고 17세기에 내전(English Civil War)과 찰스 1세의 처형과 같은 격동의 역사를 거치기 때문에 출판업자 길드의 검열은 영국의 정치와 사회 그리고 경제에 아주 중요한 역할을 했다. 출판업자조합은 검열의 목적을 위해서 조합원 출판업자들이 출판하는 서적을 사전에 등록하도록 요구했으나, 그 등록부는 출판권이라고 하는 재산권을 등록하는 장부로 기능하게 되었고, 등록된 출판권의 매매나 담보 제공 등의 거래도 활성화된다.

영국의 출판시장이 커지면서 작가들에게 원고료를 지급하는 출판사들이 증가했기 때문에, 서적에 대한 재산적 이익은 출판업자뿐만 아니라 작가들에게도 인정되기 시작했다.[11] 특히 분쟁이 발생한 경우에 영국 법원들은 작가들이 출판사와 체결한 계약에 따라 가지게 된 계약상의 권리를 작가의 '출판권'이라고 하는 보통법상의 배타적 권리로 인정하기 시작했다. 작가들의 재산권이 강화되면서 더 많은 작가들이 더 많은 작품을 출판하게 되고 출판사들은 더 많은 수익을 올리게 되어 영국의 출판시장은 유럽대륙에서보다 훨씬 더 빨리 커지게 된다. 시장이 커지면서 심각한 문제는 길드의 독점에서 나오기 시작한다. 길드의 독점이 출판사들의 수익을 늘

11 From Rights in Copies to Copyright: The Recognition of Authors' Rights in English Law and Practice in the Sixteenth and Seventeenth Centuries, The Construction of Authorship (Duke University Press, 1994), pp. 206-207.

려서 시장을 키웠지만 동시에 독점으로 인한 시장실패의 부작용이 점점 커졌다. 첫째, 길드 소속 출판사들은 출판한 서적을 등록하면 그 서적의 출판에 관한 영구적인 출판권을 갖게 되기 때문에 작가들의 권리를 박탈한 것과 마찬가지였고 작가들을 기망한 경우도 많았다. 둘째, 길드의 독점으로 인하여 길드에 소속되어 있지 않은 출판사들 특히 지방 출판사들은 아무리 뛰어난 인쇄, 제본 등의 기술을 갖추고 있더라고 길드 소속 출판사들과 공정한 경쟁을 할 수 없었고 런던 시장에 진출하기도 어려웠다.

길드의 독점은 출판허가법(Licensing Act)[12]에 근거를 두고 있는데, 1692년에 출판허가법이 만료되어 폐지할 것인지 아니면 연장할 것인지를 둘러싸고 의회에서 뜨거운 논쟁이 있었다. 영국의 저명한 정치철학자 존 로크(Locke)는 길드 소속 출판업자로부터 피해본 작가로서의 경험을 토대로 가까운 하원 의원들에게 자신의 의견을 개진했다. 로크는 출판업자 길드의 독점을 초래한 출판허가법이 인쇄 전 검열, 길드 등록부에 의한 출판권, 길드의 독점 등의 문제를 갖고 있다고 조목조목 지적했다. 특히 로크는 출판업자들이 길드 등록부에 기록된 출판권을 근거로 출판물이 자신의 것이라고 주장하면서 작가의 권리를 무시하고 독점적 지위를 남용하여 지나치게 비싼 가격으로 판매해서 독자/소비자의 권리도 무시하고 있다는 점을 강조했다. 또한 로크는 작가 및 독자/소비자의 권리도 강조하면서 일정 기간 동안 작가에게 자기 작품에 대한 재산권을 보장해주고, 그 재산권은 영원한 것이 아니라 일정한 존속기간 동안

12 출판허가법의 정식명칭: "An Act for preventing the frequent Abuses in printing seditious treasonable and unlicensed Books and Pamphlets and for regulating of Printing and Printing Presses."

에만 유효한 것으로 제한해야 한다고 주장하면서, 작가의 재산권 존속기간이 만료한 후에 그 작품은 독자들 즉 소비자들이 자유롭게 이용할 수 있도록 하는 것이 좋겠다고 하는 제안을 했다.[13] 길드는 허가연장에 따른 계속적인 검열과 출판권을 주장했지만, 1695년에 영국의회는 출판허가법을 더 이상 연장하지 않고 폐지하기로 의결했고, 1710년에 로크의 제안내용을 반영해서 인류 최초의 근대적인 저작권법을 제정했다. 출판허가법은 출판물에 대한 재산권을 길드 소속의 출판업자가 독점하도록 했지만, 1710년에 새로이 제정된 저작권법은 그 재산권이 작가에게 부여된다는 점을 명백히 한 점에 가장 커다란 특징이 있다. 출판물에 대한 재산권이 출판업자에서 작가에게로 넘어간 것은 단순히 길드의 독점을 없앤 것에 그치지 않고 18세기 영국의 출판시장과 창작생태계를 송두리째 바꾸는 혁명적인 변화를 만들게 된다.

1695년에 출판허가법이 폐지되면서 출판물의 '검열과 독점' 대신에 '자유와 경쟁'이 출판시장의 새로운 질서로 자리잡기 시작했다. 길드의 독점이 사라지면서 길드 소속 출판사보다 더 양질의 서적을 더 저렴한 가격으로 생산하는 출판사들이 급속히 늘어났다. 런던뿐만 아니라 지방에서도 많은 출판사들이 시장에 진입했고, 팸플릿, 서적, 신문, 저널과 같이 다양한 형태의 출판물이 급증했다. 출판시장에서의 경쟁적인 질서가 출판물의 증가를 가져다 준 것이다. 또한 1710년 저작권법은 작가들에게 재산권을 부여함으로써 작가들이 출판물의 주인공임을 분명히 했다.

13 Mark Rose, Nine-Tenths of the Law: The English Copyright Debates and the Rhetoric of the Public Domain, 66 L. & Contemp. Probs. 75 (2003).

1710년 저작권법은 영국 상하 양원 의원들의 의견에 따라 앤 여왕이 제정한 법률이라는 의미에서 '앤 여왕의 법률(Statute of Anne)'이라는 제목을 달고 있지만, 그 법률의 정식 명칭은 '제한된 기간 동안 출판서적의 사본에 대한 권리를 작가 또는 그 사본의 매수인에게 귀속시킴으로써 학문을 장려하기 위한 법률'[14]이다. 저작권법은 '학문을 장려(encouragement of learning)'하기 위하여 '출판사'가 아니라 '작가'에게 배타적 지배권을 부여한 점에 커다란 의의를 갖는다. 출판시장에서 출판사가 아니라 작가들이 책을 비롯한 출판물을 공급하는 진정한 공급주체임을 법적으로 보장해준 것이다. 종전까지는 출판사들이 사실상 영구적인 출판권을 독점해왔지만, 저작권법은 작가들에게 14년의 제한된 기간 그리고 작가들이 생존해있다면 14년을 연장해서 최대한 28년의 제한된 기간 동안에 한정하여 출판권을 부여했다.[15] 출판된지 28년이 지난 후에는 누구든지 재출판 등의 방법으로 자유롭게 이용할 수 있게 함으로써 출판물 속의 지식과 사상이 널리 확산될 수 있도록 한 것이다. 저작권법은 출판시장이 궁극적으로 '학문을 장려'하는 데 기여할 수 있는 합리적이고 근대적인 질서를 만든 것이다. 또한 저작권법은 라틴어 또는 그리스어와 같은 외국어로 된 서적의 수입과 판매는 자유롭게 허용함으로써 유럽대륙의 지식과 사상이 영국에서 널리 확산될 수

14 An Act for the Encouragement of Learning, by Vesting the Copies of Printed Books in the Authors or Purchasers of such Copies, during the Times therein mentioned.

15 Donaldson vs Becket and Others (4 Burr. 2408). 보통법상 존속기간 없이 인정된 출판권이 실정법상의 제한된 존속기간의 저작권과 모순되기 때문에 실정법과 모순되는 한도에서 보통법상의 권리가 소멸하는 것으로 해석된다. John Herbert Slater, The Law Relating to Copyright and Trade Mark, Treated more Particularly with Reference to Infringement (London, Stevens and Sons, 1884), pp. 6-9.

있도록 예외규정을 마련했다.[16] 한편으로 작가들은 출판시장의 주인공으로 인정함으로써 창작을 촉진하고 다른 한편으로는 출판물 속의 지식과 사상의 확산을 보장함으로써, 영국에서 계몽사상과 과학기술이 확대재생산되고 유럽대륙에서 보다 먼저 산업혁명을 시작할 수 있었던 제도적 기반이 되었다.

새로운 시장의 탄생

인쇄술은 팸플릿, 서적, 신문, 정기 간행물, 카탈로그, 광고 등의 출판물은 각각 관련 시장들을 발전시켰다. 특히 인쇄술은 출판물 시장에 그치지 않고 전혀 다른 시장, 그러나 더 중요한 시장을 만들었다. 다양한 출판물을 통하여 상공인, 과학기술자, 종교인, 정치인 등이 자신의 지식과 정보를 공급하고 소비하는 '아이디어 시장(idea market)'이 탄생한 것이다. 과거에는 지식과 정보가 왕족 및 수도승에 의하여 독점되었었지만, 이제 새롭게 탄생한 아이디어 시장에서 신흥상공인, 부르주아지(bourgeoisie), 지식인들에 의해 널리 유통되고 공유될 수 있게 되었다. 아이디어 시장에서 계몽주의 생각을 주고 받고, 시장경제에 관한 이론이 제시되고 토론을 할 수 있었다. 아이디어 시장에서 지식인들은 지동설과 만유인력에 관한 주장과 검증을 하면서 과학혁명의 씨앗을 만들었다. 그리고 상공인들의 증기기관을 비롯한 발명과 사업모델을 이야기하면서 과학혁명

16 Section 7, An Act for the Encouragement of Learning, by Vesting the Copies of Printed Books in the Authors or Purchasers of such Copies, during the Times therein mentioned.

을 주도해나갈 수 있었다. 영국에서 먼저 발달한 아이디어 시장이 영국으로 하여금 산업혁명을 선도해나갈 수 있도록 만들었다.

영국에서 1695년에 출판허가법의 폐지와 함께 길드의 독점과 검열이 막을 내리고 자유와 경쟁이 허용되면서 팸플릿 형태의 뉴스에서부터 일간지와 수많은 정기 간행물이 탄생했다. 70년간 신문의 판매수량이 약 140배 폭증해서 1780년 당시 연간 1,400만 부의 신문이 판매되고 소비되는 엄청난 시장으로 발전했다. 신문의 폭증에는 런던의 상공인과 지식인들이 신문을 읽고 토론을 하는 커피점(Coffeehouses)들이 촉매역할을 했다. 1700년 당시에만 해도 런던에 2천 개가 넘는 커피점들이 있었고 그 이후 계속 증가하면서 지식과 사상을 주고 받는 아이디어 시장의 발달에 좋은 환경을 제공했다.

1688년에 로이드(Edward Lloyd)가 런던에 개점한 커피점은 아이디어시장의 역할을 해낸 역사적인 커피점이다. 로이드 커피점에도 많은 사람들이 신문을 들고 이야기를 나누지만 특히 해상운송을 하는 기업가, 선주, 선원, 전주/은행가들이 많이 모여들었다. 로이드는 해상운송에 관한 다양한 소식과 정보를 모아서 1696년에 로이드 뉴스(Lloyd's News)를, 그리고 1734년에 로이드 리스트(Lloyd's List)를 발행했다. 상인, 은행가, 선원들이 모여 비공식적으로 사업을 거래했습니다. 또한 보험료를 받고 선박 보험을 인수하는 언더라이터들이 자주 모이는 장소이기도 했다. 커피점에 모인 상공인들은 로이드의 신뢰도 높은 뉴스를 읽고 해상운송의 위험을 최소화하기 위한 아이디어를 교환하고 보험사(Underwriter)들이 보험료를 받고 해상운송의 위험을 떠맡게 된다. 1806년 노예무역이 금지되기 전까지 약 100여 년간 보험사들은 노예선박의 파손이나 노예들의 운송 중

사망에 대한 보험상품을 판매하기도 했다. 18세기부터 로이드 커피점은 로이드 뉴스를 발행함으로써 해상운송에 관한 거래가 이루어지는 시장 그리고 해상보험이 거래되는 시장의 중심지가 되었고 현재까지도 그 명성이 계속되고 있다.[17]

인쇄 및 신문이 성장하면서 동시에 광고시장이 탄생했고, 대량생산과 소비자 중심의 시장으로 근대적인 변화를 겪었다. 18세기 초 런던에서 발행되는 일간지의 절반 이상의 지면은 광고로 가득찼고 광고료는 신문사에 중요한 수입원이 되었다. 1752년에 광고전문 신문 'Public Advertiser'가 발행되어 광고시장의 성장을 잘 보여준 바 있다. 광고의 선구자 웨지우드(Josiah Wedgewood)와 불턴(Matthew Boulton)은 왕실의 후원을 얻어서 그 사실을 신문광고로 널리 알렸을 뿐만 아니라 제품 카탈로그를 인쇄해서 소비자들에게 직접 우송하는 최초의 근대적인 광고기법을 개발했다. 웨지우드 도자기가 오늘날까지 명성을 유지한 배경에는 18세기에 왕실과 같은 확실한 명성을 이용하는 마케팅 전략이 있었고, 그러한 전략은 오늘날 유명 연예인을 이용한 광고로 널리 활용되고 있다. 불턴은 제임스 와트(James Watt)의 증기기관 사업에 투자를 시작하면서 신문광고와 카탈로그 우송 이외에 학술적인 정기 간행물에도 증기기관을 소개했고, 영국뿐만 아니라 유럽대륙에서도 적극적인 해외광고를 통하여 증기기관 시장을 확장했다.[18]

금속활자 인쇄술은 독일에서 구텐베르크가 먼저 발명했고 영국

---

17 https://www.britannica.com/money/Lloyds#ref242838.

18 Jennifer Tann, Marketing Methods in the International Steam Engine Market: The Case of Boulton and Watt. 38 The Journal of Economic History 363 (1978).

에는 30여 년 후 1476년에야 비로소 캑스턴(William Caxton)에 의하여 도입되었다. 영국이 유럽대륙에 비해서 인쇄술의 도입은 늦었지만 상공업의 자유와 출판권의 보호에 있어서는 유럽대륙보다 훨씬 앞섰다. 영국은 1688년 명예혁명을 통하여 근대적이고 민주적인 헌정질서를 그리고 1710년 저작권법을 통하여 근대적인 창작생태계를 마련했다. 유럽대륙은 근대적 질서와 효율적인 시장을 형성하는 데 영국에 비하여 수십년 뒤쳐졌고 산업혁명도 뒤늦게 시작했다.

영국에서 서적, 신문, 간행물, 광고 등으로 발달한 시장은 새로운 사상과 과학기술의 교류와 확산에 크게 기여했음은 물론이다. 예컨대, 애덤 스미스의 "국부론"[19]은 1776년에 저술되었는데, 10년 만에 5판이 발간되면서 영국 사회 전체에 보급되고 동시에 불어와 독일어로 번역된 번역본이 유럽대륙에까지 판매되었다. 애덤 스미스의 "국부론"은 새로운 과학기술 지식 및 정보와 함께 18세기 영국의 산업혁명을 이끌어준 것으로 평가되고 있다. 영국의 출판시장과 비교하면 너무나 부끄러운 이야기가 되겠지만, 동일한 18세기 중반 조선의 영조는 유형원의 "반계수록(磻溪隨錄)"을 3부 인쇄해서 사고에 보관토록 하라고 지시했다.[20] 유형원의 "반계수록"은 "국부론"보다 100년 전에 저술된 경세론이지만 조선의 경제발전에 별다른 기여를 하지 못했다. 18세기 조선에는 영국과 달리 출판시장이 발달하지 못했고 출판시장을 형성하는 데 필요한 상공업의 자유와 출판권의 보호가 없었기 때문이다.

---

19 國富의 본질과 원인에 관한 연구(An Inquiry into the Nature and Causes of the Wealth of Nations).

20 정병석, 조선은 왜 무너졌는가 (시공사, 2016), 184쪽.

시장을 끌고 간 엔진

인쇄술이 서적, 신문 등으로 아이디어 시장을 탄생시켰다면 증기기관은 그 이후 산업혁명에서 근대적인 시장의 성장을 이끌고 간 강력한 엔진이 되었다. 영국의 농장을 공장으로, 마차도로를 기차철도로 바꾸고 근대적인 시장을 만든 증기기관은 제임스 와트(James Watt)가 발명하고 매튜 불턴(Matthew Boulton)이 사업을 추진해서 세상의 빛을 보게 된 것이다. 불턴은 웨지우드와 함께 출판물을 이용한 광고의 위력을 보여주었을 뿐만 아니라 와트의 증기기관을 시장에서 성공시키는 데 재산권의 활용이 중요하다는 점을 잘 입증해주기도 했다. 불턴은 와트의 기술을 보고 개발자금을 투자했을 뿐만 아니라 와트가 취득한 특허권이 기술혁신과 사업화에 중요하다고 주장하면서 영국의회를 설득하여 특허권을 연장하는 극히 예외적인 조치를 이끌어내기도 했다. 와트와 불턴은 특허권을 연장했을 뿐만 아니라 전국의 주요 공장에서 라이선스 로열티를 받거나 불응 시 소송을 제기하는 적극적인 권리행사를 함으로써 와트의 증기기관이 시장에서 자리잡고 성공할 수 있게 만들었다.

증기기관은 와트가 개발하기 수십년 전에 이미 개발되고 개량되어 왔지만, 본격적으로 증기기관 시장을 만들고 광산, 제지, 직물제조, 제분, 제철, 기관차 등의 시장을 성장시킨 증기기관은 와트의 발명으로 기억되고 있다. 와트의 발명이 시장을 만들고 성장시킬 수 있었던 것은 그의 증기기관이 에너지 효율성에 있어서 우수했을 뿐만 아니라 무엇보다도 특허제도를 잘 활용했기 때문이다. 기술의 우수성은 수십년 전부터 점진적으로 향상되어 왔지만 영국의 특허제도와 영국의회의 전폭적인 지원이 제임스 와트를 증기기관의 아버지로 만든 것이다.

증기기관의 원천 기술은 1690년 프랑스 드니 파팽(Denis Papin)에 의해서 개발되었고, 파팽은 1705년 독일에서 미적분과 물리학의 대가 라이프니츠(Gottfried W. Leibniz)의 도움으로 1705년 그 성능을 개량한 증기기관을 개발했다. 파팽의 모국 프랑스는 그 당시 특허제도를 갖추고 있지 않았을 뿐만 아니라[21] 자신과 같은 위그노 신교도를 살벌하게 박해하고 있었다. 파팽은 독일로 건너가서 자신의 증기기관으로 세계 최초의 증기선을 제작하고 독일 풀다강에서 운영하려고 시도했지만 그 당시 독일에서 독점적 지위를 가진 뱃사공 길드의 폭력적인 저항에 부딪혀 실패했다. 프랑스 파팽의 실패는 영국 제임스 와트 증기기관의 성공과 크게 대조된다.[22] 18세기 초 유럽대륙과 영국의 차이는 바로 상공업의 자유와 특허권 등 재산권의 보호 여부에 있었다.

동일한 법제도와 동일한 시장조건 아래서도 여러 가지 증기기관들 가운데 와트의 증기기관이 시장에서 성공하고 산업혁명의 엔진으로 자리잡게 된 배경에도 특허제도가 자리잡고 있다. 뉴코멘(Thomas Newcomen)은 드팽의 증기기관 등을 참고해서 1712년에 개량된 증기기관을 개발했지만, 실린더에서의 열손실이 많아서 에너지 효율성이 아주 낮은 문제점을 갖고 있었다. 제임스 와트는 글래스고 대학에서 뉴코멘의 엔진이 하나의 실린더를 수증기로 가열하고 동일한 실린더를 냉각시키면서 수증기를 응축시키는 과정을 반복

21 프랑스의 최초의 근대적인 특허법은 프랑스 혁명 이후 1791년이 되어야 제정된다: Gabriel Galvez-Behar. Was the French Patent System democratic?. 2008. 〈halshs-00544730〉, https://halshs.archives-ouvertes.fr/halshs-00544730.

22 대런 애쓰모글루, 제임스 로빈슨, 최완규 옮김, 국가는 왜 실패하는가 (시공사, 2012), 295쪽.

함으로써 막대한 에너지를 낭비한다는 사실을 발견했다. 제임스 와트는 실린더와는 별도의 응축기를 설치하는 아이디어로 증기기관을 개량하여 1769년에 자신의 증기기관에 대한 첫 번째 특허권을 취득했다. 와트의 개량 증기기관이 특허등록되었지만 시장에서 성공하는 데에는 많은 어려움이 있었다. 몇 년이 지나는 사이에 첫 번째 투자자는 파산했다. 두 번째 투자자 불턴은 와트와 공동으로 사업을 하기로 합의하면서 영국의회에 와트의 특허권을 연장해달라고 청원하였다. 오늘날 인공지능이 제4차 산업혁명에 꼭 필요한 핵심기술인 것처럼, 영국의회는 와트의 증기기관이 영국의 산업발전에 꼭 필요한 핵심기술이라고 판단하고 그의 특허권을 1800년까지 연장해주는 예외적인 조치를 취했다. 특허권 연장으로 와트는 자신의 증기기관을 상업화하는 데 성공하고 영국 전역의 공장에 증기기관을 공급하거나 기술을 사용하도록 허락하고 특허기술의 사용 덕분에 절약한 연료비에 상당하는 로열티를 받았으며 로열티 지급을 거절하는 공장을 상대로 한 특허소송도 마다하지 않았다.

특허권 연장조치는 제임스 와트에 대한 특혜임은 물론이고 경쟁사업자들이 상당한 부담과 제약을 받았기 때문에 많은 반론이 제기되었었다. 특허권자 와트만 우상(아이돌)으로 만들고 다른 상공인들의 집단 지성은 폄하하는 법정책이라고 하는 비판도 있었고, 상공인들이 많이 다니는 커다란 길목을 가로막고 통행을 방해하거나 막대한 통행세를 받도록 하는 것은 시장질서에 반한다고 하는 비판도 있었다.[23] 그러나, 영국의회는 특허발명의 우상이 만들어지면 기술

---

23 Adrian Johns, The Intellectual Property Wars from Gutenberg to Gates (Univ. of Chicago Press, 2009), p. 273.

혁신의 촉진에 도움이 되고 영국 산업의 발전을 위하여 증기기관에 관한 기술혁신을 장려할 필요가 더 절실하다고 보았다. 또한, 와트의 증기기관이 상업화에 성공해서 충분한 보상을 받을 수 있도록 하는 것이 영국 소비자들의 후생증가에도 도움이 된다고 판단했다. 본래 특허제도가 특허 기술로 사회가 얻은 효용만큼 발명가에게 독점적인 권리를 부여한다고 하는 일종의 사회계약(social contract)으로 도입된 법제도임을 정치적으로 확인해준 것이다.[24] 1624년에 영국의 특허제도로 도입한 '독점법 (Statute of Monopolies)'은 왕의 권한을 억제하고 신흥 상공인들의 경제력과 의회파의 정치세력을 키워준 셈이기 때문에 영국 내전(the English Civil War)의 씨앗이 된 것으로 평가되기도 하고, 영국이 봉건경제에서 자본주의 시장으로 탈바꿈하는 획기적인 계기가 되었다.[25] 영국의회가 와트의 증기기관에 대한 특허권을 연장해주는 예외적인 조치를 취한 것은 특허제도가 자본주의 시장질서의 핵심이라는 점을 강조하기 위한 것이다.[26] 증기기관을 발명한 와트에게는 특허권이 개인적인 재산에 해당하지만, 정치질서 못지 않게 시장질서에 관심이 많은 의원들게는 특허권 연장의 특혜가 시의적절한 정치 어젠다가 되기에 충분했다. 시장의 승자는 발명이나 기술혁신이 아니라 법제도에 의해서 만들어질 수 있다고 하는 것이 자본주의 시장의 특징임을 보여주었다.

영국의회의 판단은 시장의 수요에 적중했고 18세기 후반 영국

24 Adam Mossoff, Rethinking the Development of Patents: An Intellectual History, 1550-1800, 52 Hastings L.J. 1255 (2001)

25 G. A. Bloxam, Letters Patent for Inventions: Their Use and Misuse, The Journal of Industrial Economics, Vol. 5, No. 3 (Jul., 1957), pp. 157-179.

26 Oren Bracha, The History of Intellectual Property As the History of Capitalism, 71 CaseW.Res.L.Rev. 547 (2020), p. 571.

에서 특허등록과 라이선스, 소송과 같은 특허활동이 급증한다.[27] 그 당시 영국에서 출원등록된 특허건수의 15%가 직물산업분야의 발명으로서 가장 많은 비율을 차지하고 있는데, 이는 산업혁명에서 가장 많은 생산성 증가를 가져온 산업이 직물산업이라고 하는 사실과 정확히 일치한다.[28] 증기기관은 직물제조에 한정되지 않고 광산, 제지, 제분, 제철 등 다양한 분야에서 생산성을 크게 향상시키는 혁명을 일으켰다. 19세기 초에는 증기기관차와 증기선이 상용화되면서 상품 운송과 승객 이동 그리고 대량생산과 대량소비의 혁명적인 변화가 일어났다.

영국의 산업혁명이 외국으로 확산되면서 근대적인 특허제도를 비롯한 시장질서도 유럽대륙과 미주대륙 그리고 일본에까지 전파되었다. 예컨대, 미국은 독립전쟁을 마치고 난 후 1790년에, 그리고 프랑스는 대혁명을 거친 후 1791년에 각각 특허법을 제정했다. 1871년에 비스마르크 수상에 의해 통일을 이룩한 독일제국은 1877년에 특허법을 제정했다. 일본은 1871년에 영국의 독점법과 유사한 독점규칙(專売略規則)을 마련했지만 다음 해에 그 시행을 중지했고, 1885년에 독점특허조례(專売特許条例)를 제정했다.[29] 주목할 점은 독일과 일본에서의 산업혁명은 독일의 통일 내지 독일제국의 탄생 및 일본

---

27 Richard Sullivan 1989. North (1981), pp. 164-166.

28 그 다음으로 많은 특허출원등록된 기술이 해상 및 육상 운송, 금속, 화학 분야인데, 이들 기술도 산업혁명을 이끌어온 주요 산업에 해당된다는 점에서 특허제도와 기술혁신의 밀접한 관계를 확인해볼 수 있다: Richard J. Sullivan, The Revolution of Ideas: Widespread Patenting and Invention During the English Industrial Revolution, 50 Journal of Economic History 349 (Jun., 1990), at 351.

29 特許(実用新案)制度の歴史 (https://www.jpo.go.jp/introduction/rekishi/seido-rekishi.html).

의 메이지혁명(明治維新) 이후 빠른 속도로 이뤄졌다는 점이다. 또한, 19세기 중반까지 독일과 일본은 영국에 비하면 후진국에 불과했기 때문에 독일제국의 탄생 또는 일본 메이지혁명 이후 특허제도를 도입했을 뿐만 아니라 '작은 발명'을 보호하기 위한 실용신안법(utility model law)을 제정해서 자국 내 중소기업들의 기술혁신을 장려하고 촉진했다. 영국의 특허제도는 발명가들에게 상당히 많은 많은 비용부담을 필요로 했고 영국의 시장질서는 부르주아지 상공인들에게는 효율적이지만, 아이디어만 가지고 있는 가난한 상공인들에게는 시장진입에 많은 어려움을 주고 있었다. 고비용의 귀족적인 시장질서가 영국의 상대적인 경쟁력을 떨어뜨리고 미국과 독일 및 일본의 시장 확장을 막지 못한 중요한 배경이 된다.

평등해서 더 경쟁적인 시장

부르주아지 상공인들이 지배하고 있던 영국의 시장질서와 달리 새로 탄생한 나라 미국은 훨씬 더 자유롭고 평등한 시장질서를 제공했다. 신대륙에서 이민자들이 건설한 신생국가 미국은 기본적으로 영국의 권리장전에서 비롯된 자유와 재산권 보호에 관한 법제도를 받아들였다. 그러나 미국의 이민자들과 '건국의 아버지(founding fathers)'[30]는 영국에서보다 더 평등한 자유 그리고 영국

30 미국의 독립전쟁에서 승리로 이끌고 미국 초대대통령을 역임한 George Washington, 1819년 독립선언(Declaration of Independence)을 작성한 John Adams, Benjamin Franklin, Thomas Jefferson 등 미국의 독립과 연방정부의 수립을 주도한 사람들을 건국의 아버지라고 부른다.

에서보다 더 자유로운 재산 형성의 기회를 보장할 수 있었다. 물론 흑인에 대한 철저한 차별이 있었지만, 유럽에서 온 백인 이민자들에 한해서는 유럽에서 그 사회적 신분, 종교에 관계없이 그리고 심지어 범죄 경력 여부에도 관계없이 모두 새로운 땅에서 새로운 기회를 평등하게 보장했다. 유럽에서 달고 다니던 계급이나 이념은 모두 떼어버리고 평등한 조건 아래서 치열한 경쟁을 할 수 있었기 때문에 뛰어난 기업가정신과 우수한 기술을 갖춘 상공인은 새로운 대륙에서 새로운 시장을 개척하고 크게 성장할 수 있었다. 보다 더 평등한 시장질서는 보다 더 치열한 경쟁을 초래하고, 치열한 경쟁은 더욱 더 빠른 시장변화를 촉진한다는 것을 잘 보여준 것이다.

19세기에 본격적으로 시작된 미국 산업혁명의 아버지로 불리우는 슬레이터(Samuel Slater)로부터 철도왕 밴더빌트(Cornelius Vanderbilt), 철강왕 카네기(Andrew Carnegie), 석유왕 록펠러(John Rockefeller) 그리고 발명왕 에디슨(Thomas Edison)에 이르기까지 대부분의 성공한 기업가들이 가난하거나 보통 가정에서 태어나 자수성가해서 거대한 시장을 만들었다. 슬레이터는 영국에서 농부의 8명의 자녀 가운데 다섯째 아들로 태어나서 열 살 때부터 방직공장에서 미성년노동을 시작할 정도로 가난한 생활을 했지만 영국에서 배운 방직기술을 갖고 미국으로 건너와서 기술을 개량하고 거대한 방직산업을 일으켰다. 슬레이터는 10세 안팎의 아동을 저임금에 혹사시키는 방식으로 면직물을 생산함으로써 많은 비난을 받기도 했다. 또한, 슬레이터의 성공은 미국 정부가 1807년에 영국으로부터 면직물 등의 수입을 금지했고[31] 미국 내 선박 및 철도 운송망 구축

31 The Embargo Act of 1807.

에 많은 투자를 했기 때문에 가능했다. 그러나, 슬레이터의 혁신과 기업가정신은 다른 기업가들게게 커다란 자극이 되고 미국 산업혁명의 시발점이 된 것 또한 부인할 수 없다.

철도왕 밴더빌트은 가난한 집에서 태어나 교육도 제대로 받지 못하고 11살 때 학교를 떠나 아버지 밑에서 여객선 일을 도왔고 끝없는 노력과 혁신으로 선박 운송 및 철도 운송의 거대한 시장을 만들었다. 철강왕 카네기는 스코틀랜드의 원룸 형태 오두막집에서 가난한 방직 직공의 아들로 태어나서 미국으로 이민온 가난한 소년이었지만, 14살 때 전보배달부로 일하면서 피츠버그의 모든 사업체 위치와 주요 인사들의 얼굴을 익히고 많은 인맥을 쌓아서 철도기업과 석유기업에 투자해 많은 재산을 축적하고 세계 최대의 철강기업을 만들었다. 철강생산과 철도건설은 미국이 제2차 산업혁명을 선도하는 데 핵심적인 역할을 했다. 철도시설이 미비했던 19세기초 오대호 버펄로에서 뉴욕까지 화물운송에 드는 비용이 밀 가격의 3배, 옥수수 가격의 6배, 귀리 가격의 12배에 달했다. 광대한 토지와 장거리 운송은 미국 시장의 발전에 가장 커다란 적이었다.[32] 그러나 1862년에 링컨대통령이 '태평양철도법(Pacific Railroad Acts)'을 공포한 후 6년만에 완공된 대륙간횡단철도는 미국 동부에서 서부까지 3,000km가 넘는 철도운송망을 제공하면서 미국 전체를 거대한 시장으로 만들었다. 시장의 규모가 커지면서 대량생산과 규모의 경제를 실현할 수 있었고 미국은 대륙간횡단철도의 완성과 더불어 제2차 산업혁명을 선도할 수 있었다.

---

32 Andrew Morriss & Craig Nard, Institutional Choice & Interest Groups in the Development of American Patent Law:1790-1865, 19 S.Ct.Econ.Rev. 143(2011), p. 198.

석유왕 록펠러의 아버지는 벌목공을 하다가 여러 지역을 돌아 다니면서 이상한 약장사를 하면서 가정을 등한시했고, 근검절약해야 했던 어머니 밑에서 록펠러는 집안일뿐만 아니라 칠면조를 키우고 감자와 사탕을 팔아 용돈을 버는 어린시절을 보냈지만, 기술과 경영의 혁신을 통하여 미국 석유시장의 90%를 장악하는 석유왕이 되었다. 발명왕 에디슨도 보통 가정에서 태어나서 부모로부터 재산을 물려받은 것은 아니지만 주로 어머니 도움으로 집에서 독학하고 자신의 독특한 호기심으로 전구, 축음기, 활동사진카메라 등을 발명해서 미국에서 1,093건의 특허권과 해외에서 다수의 특허권을 취득했다.

미국 산업혁명을 주도한 기업가들은 대부분 부모로부터 재산을 물려받은 것도 아니고 귀족과 같은 신분을 물려받은 것도 아니다. 그러나 미국의 기업가들은 미국의 시장질서가 허용하는 최대한의 자유와 평등 그리고 재산 보호 제도를 활용하여 거대한 시장을 만들 수 있었다. 미국은 18세기 말 영국으로부터 독립한 이후 누구든 열정과 아이디어만 있으면 들어와서 치열한 경쟁을 벌일 수 있는 시장질서와 법제도를 제공했기 때문에, 영국의 시장을 뛰어넘어 제2차 산업혁명을 주도해나갈 수 있었다. 영국의 산업혁명 뒤에는 유럽대륙에서 찾아보기 어려운 상공업의 자유와 특허제도가 자리잡고 있다고 본다면, 미국이 주도한 제2차 산업혁명의 뒤에는 영국에서보다 더 자유롭고 평등한 시장질서 그리고 영국에서보다 더 평등한 특허제도를 볼 수 있다.[33]

33 Andrew Morriss & Craig Nard, Ibid., p. 171.

영국의 특허제도는 산업혁명의 원동력이 되었다고 평가되고 있지만, 그 특허출원에 많은 비용이 소요되고 예측가능성이 낮다고 하는 커다란 한계를 갖고 있었다. 이에 반해서 미국의 특허제도는 보다 저렴한 비용으로 다양한 계층의 발명가들이 혜택을 볼 수 있다는 점에서 보다 평등하고 보다 민주화된 제도로 평가된다. 영국의 소설가 디킨스(Charles Dickens)는 1850년에 “어느 불쌍한 발명가의 특허이야기”라고 하는 사회비판적 단편소설을 출판했는데, 그 작품에서 특허출원이 특허청뿐만 아니라 법무부 등 35곳의 관청을 방문해야 하는 험난한 과정임을 잘 묘사하고 있다. 뿐만 아니라 특허출원을 하려면 96파운드 38펜스(그 당시 교사 연봉이 70파운드임을 감안할 때 오늘날 화폐가치로 환산하면 37,000달러)에 달하는 공식 수수료 이외에 막대한 인건비와 뇌물비용까지 소요되기 때문에, 일반 서민으로서는 도전하기 어려운 제도임을 한탄한 바 있다.[34] 마찬가지로 프랑스에서도 19세기 초 근로자의 평균 일급이 1.5프랑이었지만 특허 10년 등록세가 1,000프랑이나 되었기 때문에, 소수 귀족과 부자들만 특허제도를 이용하는 수준에 머물 수밖에 없었다.[35]

이에 비해서, 미국의 그 당시 특허출원에 소요되는 공식 수수료는 현재 화폐가치로 환산해서 618달러에 불과한 것으로 알려져 있다. 영국의 그 당시 특허제도는 담당 공무원들에게 상당한 재량을 주었지만, 미국의 특허법은 요건을 명확히 규정하고 있어서 그 요건

34 Jeremy Phillips, Charles Dickens and the 'Poor Man's Tale of a Patent' (EC Publishing Limited, Oxford, 1984), pp. 20–21.

35 Gabriel Galvez-Behar. The Patent System during the French Industrial Revolution: Institutional Change and Economic Effects. Jahrbuch für Wirtschaftsgeschichte / Economic History Yearbook, De Gruyter, 2019, Patent Law and Innovation in Europe during the Industrial Revolution, 60 (1), pp. 31–56.

을 충족한 발명에 대하여 정부는 반드시 특허권등록을 해주어야 했다.[36] 영국에서는 특허출원하기 위해서 지방에서 말을 타고 런던에 가야 했지만, 미국에서는 어느 주에서나 우편으로 저렴하고 신속하게 특허출원할 수 있었다. 영국에서 특허출원을 할 수 있는 사람은 주로 부자나 귀족으로 한정되었지만, 19세기 초 미국에서는 저렴한 출원비용으로 인해서 특허권자 가운데 부자 또는 전문직업인은 19%에 불과하고 40%의 특허권자는 에디슨과 같은 보통사람들이었다.[37] 미국의 특허제도에는 영국에서와 같은 관료주의 및 고비용의 폐해가 없었기 때문에, 에디슨과 같은 일반 서민들 가운데 혁신의 열정을 가진 사람들이 발명을 하고 특허권을 취득하며 제너럴 일렉트릭과 같은 기업을 만들어 제2차 산업혁명을 성공시킬 수 있었다. 에디슨의 발명과 함께 제2차 산업혁명이 시작되는 19세기 중반 기준으로, 인구 3,100만 명의 영국에서는 2천여 건의 특허가 등록되는 데 반해서 그 당시 영국보다 조금 더 많은 인구 3,800만 명의 미국에서는 무려 1만2천여 건의 특허가 등록되고 왕성하게 산업혁명의 엔진으로 활용되고 있었다.[38] 미국은 영국보다 6배 더 대중적인 시장질서를 제공하게 된 것이다. 18세기 중반에 영국이 제1차 산업혁명을 주도했지만, 19세기 중반 미국 제2차 산업혁명을

36 Thomas M. Meshbesher , The Role of History in Comparative Patent Law, 78 J. Pat. & Trademark Off. Soc'y 594 (1996), p. 610.

37 지붕 널빤지 장사에서 술집에 이르기까지 온갖 직업을 전전하며 어렵게 살아가는 아버지의 일곱 자녀 중 막내로 태어나서 정규 교육을 제대로 받은 바 없이 집에서 어머니의 가르침을 받은 것이 전부였다: Daron Acemoglu and James A. Robinson, Why Nations Fail: The Origins of Power, Prosperity, and Poverty (Crown Business, New York, 2012), p. 33.

38 19세기 인구는 위키피디아 참고(https://en.wikipedia.org/wiki/Demographic_history_of_the_United_States, https://en.wikipedia.org/wiki/Second_Industrial_Revolution).

선도해나가기 시작한 중요한 배경이라고 말할 수 있다.

미국이 설계한 보다 평등하고 보다 대중적인 질서는 아주 저렴한 행정 수수료에 의하여 제도의 문턱을 낮춘 것으로 그치지 않는다. 미국은 전국 주요 도시에 특허도서관을 두고 누구든지 쉽게 특허기술을 찾아볼 수 있게 함으로써 기술확산의 적극적인 노력을 했다. 초등학교 3년의 정규교육만 받은 에디슨를 비롯한 수많은 상공인들이 도서관에서 기술문헌을 찾아볼 수 있었다. 또한, 영국 의회는 제임스 와트에게만 특허권 연장의 특혜룰 부여했지만, 미국 의회는 훨씬 더 많은 발명가들에게 파격적인 특혜를 부여했다. 1836년에 미국의회는 발명가들 가운데 자신의 발명이 뛰어나고 개발비용이 많이 소요되었지만 시장에서 충분한 보상을 받지 못했다고 생각한 특허권자로 하여금 자신의 특허권을 7년간 더 연장해달라고 청원할 수 있도록 했기 때문이다.[39] 특허권자의 연장 청원이 있으면 국무장관, 재무부 법무관, 특허청장으로 구성된 위원회가 공익을 위하여 특허권의 연장이 필요하다고 판단한 경우에 그 연장을 승인할 수 있다. 특허권자가 자신의 발명품으로 시장에서 '합리적인 보상'을 받았는지 판단하는 것은 어렵고 무엇이 공익에 부합되는 것인지도 극히 불명확한 기준에 불과하다. 결국 열정적인 로비를 벌인 발명가 내지 기업가들은 상당수 특허권의 연장을 확보하고 시장에서 상당한 수익을 올렸고 미국 산업혁명을 촉진했다.[40]

---

39 § 18, Patent Act of 1836(Pub. L. 24-357, 5 Stat. 117).

40 Tyler T. Ochoa, Patent and Copyright Term Extension and the Constitution: A Historical Perspective, 49 J. Copyright Socy. U.S.A. 19 (2001).

특허와 시장의 갈등

미국의 19세기 중반 산업혁명을 이끌고 간 법제도는 효율적인 시장의 성장을 가능하게 했지만 동시에 시장의 자유로운 경쟁 그 자체를 위협하기도 했다. 특히 특허권을 보유한 상공인의 자유와 독점적인 지위는 기술혁신을 촉진하고 시장의 성장을 도와주면서도 동시에 다른 상공인들의 자유로운 경쟁을 제한하거나 위협할 수 있는 위험성을 갖고 있었다. 굿이어 타이어로 오늘날까지 그 이름을 알리고 있는 굿이어(Goodyear)는 '가황 고무(vulcanized rubber)'를 만드는 공정을 발명해서 특허권을 확보한 후 가황 고무를 사용하는 다수의 시장을 뒤흔들었고, 재봉틀을 개량한 후 특허권을 확보한 하우(Howe)는 각 가정의 필수품으로 자리잡은 재봉틀의 생산 및 판매를 좌지우지했고, 발명왕 에디슨(Edison)은 자신의 특허권을 공격적으로 활용해서 교류전기를 선호하는 시장의 선택을 방해하려고 시도하기도 했다.

굿이어(Charles Goodyear)는 몇 가지 새로운 고무 제품과 공정을 개발한 후 1844년에 특허를 받았고, 신발을 비롯하여 다양한 고무 제품 제조업체들에 라이선스를 부여하면서 로열티를 받았다. 굿이어는 고무제품에 관한 특허발명을 했지만 스스로 고무 제품을 제조하거나 판매하지 않고 다른 기업들에게 라이선스만 부여했다. 라이선스 조건을 위반하거나 라이선스 없이 사업을 하는 기업을 상대로 무자비하게 제기한 소송이 200건이 넘었다. 굿이어는 발명과 제조를 나누어 분업하는 효율적인 사업모델을 고안한 셈이지만, 고무 제품 시장에서 사냥을 즐기는 '특허상어(patent shark)'라고 비난받기도 했다. 그의 동생은 가황 고무와 유사한 경질 고무에 대한 특허권을 취득한 후 고무 틀니를 사용하는 모든 치과의사들에게 라이선스 로열티를 요구했고 자신의 요구에 응하지 않는 치과의사들을 상대로 2천여 건의 소송을 제기했다. 특허침해소송을 당한 어느 절박한 치과의사가 특허를 관리하는 담당자를 살해하는 끔찍한 사건이 발생한 이후에 비로소 소송전은 막을 내렸다.[41]

하우(Elias Howe Jr.)는 1846년에 천 위쪽과 아래쪽의 두 실을 '박음질(lockstitch)'하는 방법을 개발하여 특허권을 취득했다. 하우는 자신으로부터 라이선스를 받지 않고 재봉틀을 제조하는 기업들에 대하여 특허소송을 제기하면서 막대한 로열티를 요구하며 특허소송을 "주된 직업"으로 삼았다. 재봉틀은 실의 박음질 이외에도 가시바늘, 실과 옷감의 이동 등 다양한 기술의 결합이고 이들 기술을 개발하고 특허권을 받은 기업들도 등장했다. 특히 싱어(Isaac M. Singer)는 1851년에 수직바늘과 실 공급 및 수평 재봉면을 효율적인 구조로 배치하는 발명을 해서 특허권을 받은 후, 세계 최초로 '할부구매 플랜(hire-purchase plan)'을 고안해서 압도적으로 많은 고객을 확보할 수 있었고 해외에 직접 공장을 설립하여 다국적기업의 방식으로 시장을 확장했다. 하우가 먼저 특허권을 확보했지만 싱어가 더 많은 시장 점유율을 확보하고 싱어재봉틀의 명성이 오늘날까지 이어지게 된 배경에는 새로운 마케팅 방식이 있었다.

하우의 특허소송 이외에도 싱어를 비롯한 재봉틀 관련 특허권자들도 서로 소송을 제기하면서 '스마트폰 전쟁' 유사한 '특허 전쟁'

41 Christopher Beauchamp, The First Patent Litigation Explosion, 125 Yale L.J. 848 (2016), at 868.

또는 '재봉틀 전쟁'이 시장을 혼란스럽게 만들고 경쟁질서를 좌지우지했다. 스마트폰과 마찬가지로 재봉틀도 하나의 제품에 다수의 특허기술이 집적되어 있는 제품이었기 때문에, 재봉틀 시장은 특허덤불(patent thicket) 속에서 상호파괴적인 전쟁을 겪어야 했다. 재봉틀의 주요기술에 대한 특허권을 보유한 기업들은 1856년 '재봉틀 조합(Sewing Machine Combination)'을 만들기로 합의하고, 자신의 특허권을 모두 모아서 합리적인 로열티로 회원 상호 간에 라이선스를 부여하기로 했다. 특허권자들이 조합을 만들어서 회원 간 상호 라이선스를 부여하는 '특허풀(patent pool)'로 재봉틀 전쟁은 막을 내릴 수 있었고, 재봉틀 제조업체들도 재봉틀 가격의 거의 절반에 달하던 로열티를 5분의 1 수준으로 내릴 수 있어서 보다 많은 수익과 생산성을 올릴 수 있었다. 재봉틀 시장이 합리적인 경쟁질서를 되찾게 되면서 새로운 재봉틀 제조업체들이 시장에 진입하고 생산적인 기술혁신의 생태계를 회복했다.[42] 재봉틀 특허권자들의 특허풀은 20세기에 DVD, MPEG 비디오 등 다수의 전자제품 시장에서도 다시 등장했다.

발명왕 에디슨은 자신의 특허권으로 전구 및 전기시장을 선점한 후 경쟁사업자의 시장진입을 저지하기 위하여 특허권의 행사를 비롯하여 무자비한 공격을 했다. 에디슨은 직류(DC) 전기 시스템을 구축해서 선점한 시장에서 자신의 특허로 로열티 수익을 올리고 있었지만 직류 전기 시스템은 장거리 전송에 어려움이 많아서 근거리에 다수의 전기생산시설을 구축해야 했다. 에디슨의 밑에서 일하던

---

42 Alex Palmer, How Singer Won the Sewing Machine War, Smithsonian Magazine (July 14, 2015) https://www.smithsonianmag.com/smithsonian-institution/how-singer-won-sewing-machine-war-180955919/.

테슬라(Nikola Tesla)가 쉽게 전압을 바꿀 수 있고 장거리 전송에 효율적인 교류(AC) 전기 발전기와 전기 시스템을 개발하여 특허를 받았다. 조지 웨스팅하우스(George Westinghouse)가 테슬라의 특허를 인수하여 교류 전기를 판매하고 시장점유율을 늘려나가자, 에디슨은 자신의 특허권 침해를 주장하면서 관련 기업들을 상대로 소송을 제기하면서 교류 전기 시스템의 확산을 저지하려고 했다. 에디슨은 특허소송 이외에도 교류 전기로 동물이 감전되어 죽는 것을 보여주는 공개시연과 같이 공포를 조장하는 캠페인을 벌이기도 했다. 그러나, 테슬라는 1893년 시카고 박람회에서 교류 전기로 박람회 전체를 안전하게 밝히는 성공적인 시연을 함으로써, '직류 전기과 교류 전기의 전쟁(War of the Currents)'에서 교류 전기의 승리를 이끌어냈다. 에디슨은 자신의 특허권을 주장하면서 교류 전기의 공급을 저지하려고 했지만 소비자와 시장의 선택을 막을 수는 없었다.

굿이어, 하우, 에디슨의 특허권 행사가 그 당시에는 시장의 경쟁질서를 뒤흔들었다. 그러나, 장기적인 관점에서 보면 발명가와 기업가들의 왕성한 특허활동으로 경쟁사업자의 또 다른 발명과 기술혁신에 의하여 미국의 산업혁명은 더욱 가속화되었다. 특허와 시장의 갈등에도 불구하고 특허권자의 자유와 독점적 지위가 오히려 기존 시장의 질서를 바꾸고 장기적으로 동태적인 경쟁(dynamic competition)의 촉진과 소비자후생(consumer welfare)의 증대에 기여한다는 점을 보여준 것이다. 오스트리아 출신 미국 경제학자 슘페터(Joseph Schumpeter)는 독점기업이 미래를 계획할 수 있는 충분한 자원과 실패도 극복할 수 있는 여유를 가지고 있기 때문에 기술혁신과 시장창출에 더 효율적이라고 주장했다. 미국의 산업혁명은 독점기업과 특허권자의 독점적 지위가 동태적인 경쟁을 촉진하고 시장의 성장과 국내총생산의 증가를 이끌어낸 역사적 경험을 보여준 것이다.[43]

19세기 후반 지구상에서 가장 많은 상공업의 자유와 특허 등 재산의 보호를 허용해주고 있었던 신대륙 미국은 경제적 풍요를 누리기 시작했다. 마크 트웨인(Mark Twain)의 1873년 소설 '도금시대(The Guilded Age)'가 묘사한 것처럼, 상당수의 부자들은 물질주의적 과잉으로 타락하고 있었고 경제적 강자는 시장에서 뇌물과 폭력의 자유를 누리기도 했다. 그러나, 독점기업과 특허권자가 관련 시장에서 무제한의 자유를 누리는 것이 장기적으로 미국의 부국강병을 가져다주지는 않는다. 독점기업이 시장의 기능을 위협하고 특허권자가 시장의 경쟁질서가 무너뜨릴 때, 바람직한 시장질서의 회복을 위하여 정부가 개입해야 하는지 정부개입은 어떻게 해야 하는지 고민해야 했다.

시장의 자유와 정부의 개입

특허권의 행사는 장기적으로 기술혁신의 경쟁을 촉진하고 시장의 성장에 기여한다. 그러나, 특허권을 남용하여 관련 시장에서 경쟁을 위협하는 경우에는 독점규제법에 따라서 정부가 개입할 수 있다. 발명왕 에디슨은 1천 건 이상의 특허권을 취득한 특허왕이면

43 Gregory Day, Innovative Antitrust and the Patent System, 96 Neb. L. Rev. 829 (2018), pp. 835-840.

서 동시에 자신의 시장점유율을 높이기 위하여 특허권을 공격적으로 행사한 기업가로 널리 알려져 있다. 에디슨의 특허권 행사 가운데 경쟁질서를 왜곡했다고 보고 정부가 개입한 사례는 시장과 정부 사이의 새로운 관계를 보여주었다. 시장의 자유가 무제한으로 허용되는 것이 아니고 경쟁질서를 확보하기 위하여 정부가 개입할 수 있다는 것을 보여준 것이다.

에디슨은 미국에서 최초의 영화 카메라와 영사기/프로젝터를 개발해서 특허권을 취득했다. 1908년 에디슨은 자신의 특허권 이외에 코닥(Kodak)의 필름 원재료에 관한 특허권 등을 신탁받아서 '영화 특허 회사(Motion Picture Patents Company: MPPC)', 일명 에디슨 신탁을 설립했다. 에디슨신탁은 영화 카메라와 필름 원재료에 관한 특허권을 확보하고 있어서 영화제작사들이 에디슨신탁의 허락없이 영화를 제작하는 것을 금지할 수 있었다. 또한 에디슨신탁은 영사기에 관한 특허권도 확보하고 있기 때문에 영화 배급사 및 극장과 라이선스 계약을 체결하여 어느 극장이 언제 무슨 영화를 상영할지 결정할 수 있었다. 에디슨신탁은 영화 관련 주요 특허권을 대부분 확보하고 있기 때문에 영화제작 및 상영에 대하여 상당히 많은 로열티를 요구할 수 있었고, 허락없이 영화제작이나 상영을 하는 경쟁사를 상대로 10년간 약 40건의 특허소송을 제기해서 영화산업에 대한 거의 절대적인 통제를 하려고 했다.

에디슨신탁은 영사기 제조업체 PMC(Precision Machine Co.)에 영사기 제조판매를 허락하는 라이선스를 부여하면서 "에디슨신탁의 허락을 받고 에디슨신탁의 특허발명제품으로 제작된 영화만을 상영하는 조건으로 영사기를 판매해야 한다"고 하는 조건을 부과했다.

영화상영에 관한 조건은 영사기 제조업체뿐만 아니라 영사기를 구입하여 영화를 상영하는 극장도 함께 준수해야 하는 조건이다. 따라서 에디슨신탁은 모든 영사기제품에 영화상영에 관한 라이선스 조건을 인쇄할 것을 요구했다. 뉴욕의 어느 극장이 구입한 PMC 영사기에도 동일한 영화상영 조건이 인쇄된 플레이트가 부착되어 있었다. PMC 영사기를 구입한 뉴욕 극장은 라이선스 조건에도 불구하고 영화제작사 유니버설(Universal)이 에디슨신탁의 허락없이 제작한 영화를 공급받아서 상영했다.

에디슨신탁은 극장과 유니버설이 영사기에 관한 특허권을 침해했다고 주장하면서 소송을 제기했다. 지방법원과 항소심 법원은 에디슨신탁의 라이선스 조건이 특허권의 남용에 해당해서 무효라고 판단했고, 에디슨신탁은 연방대법원에 상고했지만 패소했다. 다만 연방대법원 판결에는 반대의견도 있었고, 유명한 홈즈 판사는 특허권자가 영사기 라이선스를 부여하면서 영사기 판매 후 영화상영에 관한 조건을 부가하는 것도 특허권의 범위 내의 적법한 특허권행사라고 하는 반대의견을 작성했다. 홈즈 판사의 반대의견은 기본적으로 시장의 자유를 넓게 해석하고 특허권자의 독점적인 지위에서 갖는 계약체결의 자유도 허용되어야 한다고 본 것이다. 그러나 영사기와 영화에 관한 시장을 서로 다른 별개의 시장이다. 연방대법원의 다수의견은 영사기에 관한 특허권자의 라이선스 조건으로 특허발명제품인 영사기가 아니라 영화에 관한 시장에서 다른 기업의 경쟁과 자유를 제한하는 것은 특허권의 범위를 벗어난 것이고 특허권의 남용에 해당하는 계약조건은 무효라고 본 것이다.[44]

---

44 Motion Picture Patents Co. v. Universal Film Mfg. Co., 243 U.S. 502 (Supreme Court,

에디슨신탁의 사업방식은 특허권 행사가 단순히 라이선스 계약 조건의 무효로 끝나지 않고 정부의 보다 적극적인 개입을 초래했다. 법무부는 에디슨신탁이 라이선스에 영화상영에 관한 조건을 부가함으로써 영사기 라이선스에 영화를 끼워팔고 영화상영의 로열티까지 담합했다고 보고 에디슨신탁을 상대로 독점규제법 위반의 소송을 제기했다. 에디슨신탁이 영사기 라이선스를 부여하면서 에디슨신탁이 제작하거나 에디슨신탁의 허락으로 제작한 영화만을 상영하게 한 것은 영사기 특허권에 부당하게 영화를 끼워팔기 한 것이고 영화상영의 로열티까지 담합할 수 있게 했다고 주장하면서, 법무부는 특허권의 남용으로 영화 시장의 경쟁을 제한한 에디슨신탁의 해산을 청구했다. 미국 연방법원은 에디슨신탁이 영화카메라, 영화필름, 영사기에 관한 시장을 독점하고 불합리하게 경쟁을 제한하여 독점규제법 '셔먼법(Sherman Act)'을 위반했다고 판단하고, 법무부의 청구에 따라 에디슨신탁의 해산을 명령했다.[45]

시장의 독점은 특허권의 행사뿐만 아니라 그 이외의 다양한 요인에 의하여 발생할 수 있다. 특허권자 또는 독점기업의 경쟁질서 왜곡에 대하여 정부가 개입하는 경우에도 독점기업의 해산 이외의 다양한 개입 정도와 방식이 있을 수 있다. 석유왕 록펠러의 석유시장 독점은 미국 자본주의 시장의 성장을 뜻할 뿐만 아니라 정부가 독점기업의 '분할'이라고 하는 파격적인 개입을 하는 계기가 되기도 했다. 록펠러가 설립한 석유회사 '스탠다드 오일(Standard Oil)'은 다른 정유회사들을 인수하기 시작해서 10년만에 정유시장의 90% 이상

1917).

45 United States v. Motion Picture Patents Co. , 225 F. 800 (E.D. Pa. 1915).

을 장악했고, 1880년대에는 정유시장에서의 독점적 지위를 이용하여 석유 탐사, 원유 유통, 석유 판매 시장에도 진출했다. 스탠다드 오일은 석유 운송에 있어서 철도기업들에게 차별적인 요금을 강요했을 뿐만 아니라 석유가격의 책정에 있어서 경쟁사업자가 없는 곳에서는 비싼 가격으로 판매하지만 경쟁사업자가 있는 곳에서는 대폭 할인가격으로 판매함으로써 경쟁을 어렵게 만들었다.

법무부는 스탠다드 오일의 시장독점에 의한 부당한 경쟁제한이 셔먼법 위반에 해당한다고 주장하면서 소송을 제기했다. 스탠다드 오일은 정유회사들을 인수하고 운송비를 낮출 수 있었던 것은 혁신과 효율적 사업방식의 결과라고 반박했다. 연방대법원은 스탠다드 오일이 석유시장에서 계약의 자유를 누릴 수 있다고 하는 기본원칙을 확인하면서도 시장독점과 부당한 경쟁제한으로 가격 상승, 생산량 감소, 품질 저하의 결과가 발생한다면 셔먼법 위반에 해당한다고 판시했다. 연방대법원은 스탠다드 오일이 매우 높은 수익을 올린 반면에 가격이나 품질에 있어서 소비자 후생의 감소를 초래했다고 보고, 스탠다드 오일의 시장독점과 경쟁제한을 해결하기 위하여 지역별로 회사를 분할하는 파격적인 조치가 필요하다고 판단했다.[46]

스탠다드 오일의 시장독점에 대하여 정부가 개입하여 회사분할을 명령하는 것이 과연 필요했는지는 논란의 대상이 되고 있다. 법무부의 요청에 따라서 연방대법원이 회사분할 조치가 타당하다고 판결을 내린 1911년 당시의 시장을 보면, 스탠다드 오일의 시장점

---

46 Standard Oil Co. of New Jersey v. United States, 221 U.S. 1, 31 S. Ct. 502; 55 L. Ed. 619 (1911).

유율은 이미 90%에서 60% 정도까지 줄어들어 있었기 때문이다. 90%의 시장점유율로 시장을 사실상 독점하게 된 이후 정치인들과 언론의 엄청난 공격을 받아서 록펠러는 스트레스와 우울증 등의 질병과 싸우면서 경영 일선에서 물러났고 1890년에 시카고 대학에 8천만 달러(오늘날 가치로 환산하면 3조 원 상당액)를 기증하고 다양한 자선사업에 전념하게 된다. 뿐만 아니라 텍사코(Texaco)와 쉘(Shell)과 같은 경쟁사업자들도 스탠다드 오일의 경영전략을 모방해서 원유채취에서부터 석유정제와 운송 및 판매에 이르는 수직적 통합구조를 갖추고 시장점유율을 높일 수 있었다. 따라서, 1906년 법무부가 스탠다드 오일의 시장독점이 셔먼법의 위반에 해당한다고 주장하면서 회사분할을 청구한 것이 시장의 경쟁질서에 관한 합리적인 판단을 토대로 한 것인지 아니면 정치적 압력에 의한 것인지에 대하여 다양한 견해들이 있을 수 있다.

법무부가 독점기업의 분할을 청구하면서 시장에 개입한 경우는 흔치 않다. 알렉산더 벨(Alexander Bell)이 자신의 전화기 특허권을 토대로 1877년에 설립한 '벨 전화회사(Bell Telephone Co.)'가 미국 전역의 전화시장을 사실상 독점하게 되자 법무부가 몇 차례 개입했다. 최종적으로 1982년에 벨 전화회사는 장거리 전화서비스는 그대로 유지하되 미국 전역을 7개의 지역으로 나누어 각 지역별 전화서비스는 제3의 기업들이 나눠서 인수하기로 합의함으로써 소송을 마무리했다.[47] 1980년대 마이크로소프트(MS)가 컴퓨터 운영체제(operating system: OS) '윈도우 (Windows)'로 운영체제 시장의 70%가 넘는 시장점유율로 압도적으로 지배적인 지위를 갖고 관련 시장에

47 United States v. AT&T, 552 F.Supp. 131 (1982).

서까지 경쟁을 제한한다고 하는 우려가 제기되면서 법무부와 연방거래위원회(Federal Trade Commission: FTC)가 독점규제법 위반 여부에 관한 조사를 시작했다. MS를 운영체제와 응용프로그램 회사 등으로 분할해야 한다는 주장도 있었지만, MS가 웹브라우저 등에 관한 공급방식을 수정하는 데 합의하는 것으로 그쳤다.

예술시장의 탄생과 변화

미국이 제2차 산업혁명으로 물질적 풍요를 누리게 된 19세기 후반, 감정의 풍요까지 함께 누릴 수 있는 예술시장도 탄생했다. 음악과 미술은 선사시대부터 항상 인류의 삶과 함께해 왔다. 중세까지 음악과 미술은 왕이나 귀족 또는 교회나 사찰 승려들의 주문으로 생산되고 소비되었다. 그러나 19세기 후반 축음기 및 사진과 방송기술 등이 개발되면서부터 음악과 미술이 빵이나 고기처럼 판매되고 소비되는 근대적 의미의 예술시장이 탄생했다. 구텐베르크의 인쇄술과 함께 아이디어 시장이 탄생하면서 새로운 기술과 제품이 시장을 만들고 과학기술의 대중화가 이루어졌다. 19세기 후반의 기술혁신은 예술가와 소비자가 직접 만나는 예술시장을 빠르게 성장시켰고 예술의 대중화를 가능하게 했다. 중세까지 음악과 미술은 왕이나 귀족의 권력을 정당화하고 종교의 신비함을 전달하기 위한 도구로서의 성격을 갖고 있었지만, 근대적인 예술시장에서 거래되는 예술은 예술가들이 자신의 생각과 감정을 표현한 상품이고 소비자들이 그 자체의 효용을 인정할 때 그 효용만큼 대가를 지급하고 구입하는 상품이 되었다. 예술가들은 더 이상 왕이나 귀족 또는 승려들의 눈치를 볼 필요 없이 '예술의 자유'를 누릴 수 있고, 시장에서 많은 수익을 올리면서 상공인들처럼 국내총생산 증가의 주역으로 등장했다.

축음기는 1877년 에디슨에 의해 발명되었고, 1890년대에 베를리너(Emile Berliner)에 의하여 원통형 실린더가 평면 디스크로 발전했다. 디스크 형태의 레코드와 축음기의 등장으로 인하여 소비자들은 이제 비싼 요금을 내고 연주나 가창을 감상할 필요가 없고, 저렴한 레코드를 구입해서 각자 집에서 편안히 음악을 소비할 수 있게 되었다. 예술가들이 레코드에 음악을 녹음해서 판매할 수 있게 되면서 음악시장이 성장하고 음악의 종류도 다양해졌다. 클래식이나 오페라에 그치지 않고 블루스, 재즈, 컨트리, 팝, 록에 이르기까지 다양한 대중 음악이 음악시장을 크게 발전시켰다.

활자인쇄술과 마찬가지로 레코드와 축음기의 등장은 관련 시장의 발전에 적절한 법제도를 필요로 한다. 활자인쇄술이 개발된 이후 출판사들이 길드를 조직해서 출판을 독점하고 출판시장의 경쟁과 성장에 상당한 한계를 겪었다. 작가들에게 저작권을 부여하는 저작권 제도를 도입하면서 창작이 촉진되고 도서, 신문, 광고 등의 시장이 빠른 성장을 하게 되었다. 축음기가 등장한 경우에도 초기에는 레코드 제작업자들이 작곡가의 허락없이 레코드를 제작해서 판매했다. 레코드 제작업자들은 레코드가 축음기와 같은 기계의 부품과 마찬가지라고 주장하면서 레코드 판매로 인한 수익을 독점했다. 그 당시 미국의 피아노업계는 피아노 연주내용을 두루마리 종이 위에 구멍형태로 기록해서 그 구멍에 따라 피아노가 자동연주되도록 만든 피아노롤(piano roll)을 제작해서 판매했는데, 그러한 피아노롤은 피아노의 부품과 마찬가지라고 보고 작곡가의 허락을 받을 필요 없이 피아노롤을 제작해서 판매할 수 있었다.[48] 피아노롤이나 레코드가 판매되어도 작곡가들은 아무런 수익을 얻을 수 없기 때문에, 작곡가들은 별다른 창작 의욕을 갖기 어려웠고 적극적으로 음악생산에 뛰어들어야 할 이유가 없었다. 미국의회는 1909년에 그리고 영국의회는 1911년에 저작권법을 개정해서 작곡가에게 음반제작의 권리를 부여함으로써 비로소 근대적인 음악시장이 탄생하고 성장할 수 있었다.

저작권법의 개정으로 작곡가, 가수, 연주자, 음반회사들은 다양한 종류의 음악을 생산하고 음반판매량도 늘어나 음악시장도 빠른 속도로 성장했다. 축음기가 근대적인 음악시장을 탄생시켰다면 라디오 기술은 음악시장을 크게 변화시켰다. 미국은 제1차 세계대전에서 군사용으로 라디오 기술을 개발하고 활용했으며, 종전 후 라디오 기술은 민간에 이전되어 순식간에 수십 개의 상업방송국이 설립되었다. 라디오의 대중화 덕분에 소비자들은 거의 공짜로 음악을 감상할 수 있었고, 음악에 대한 수요가 크게 증가했다. 그러나, 라디오기술은 음악 공급을 담당하는 작곡가, 가수, 연주자, 음반제작자들에게 심각한 위협이 되었다.

첫째, 라디오 등장으로 음반판매가 폭락하는 현상이 나타났다. 소비자들이 라디오를 구매해서 음악을 듣게 된 이후에는 굳이 음반을 구입할 필요성을 크게 느끼지 못했기 때문이다. 1921년에는 미국에서의 음반매출액이 1억6백만 달러에 달했는데, 1933년에는

48 White-Smith Music Publishing Company v. Apollo Company, 209 U.S. 1 (1908)

불과 6백만 달러로 급감했다.[49] 유럽에서는 음반제작자에게 음반의 제작, 판매, 공연, 방송에 관한 권리를 부여해서 문제를 해결하려고 했다. 음반판매는 줄어들더라고 음반제작자들은 음반의 방송에 따른 로열티를 추가로 받을 수 있기 때문에 커다란 손해를 받지 않았다. 그러나, 미국에서는 언론의 자유가 아주 강하고 언론사들이 막강한 문화권력을 갖고 있어서 라디오 방송국으로 하여금 음반방송의 로열티를 지급하도록 요구하는 법개정을 할 수가 없었다. 미국의 음반제작자들은 음반매출은 대폭 줄어드는 암담한 시장변화에도 불구하고 유럽에서처럼 방송국에 로열티 지급을 요구할 수도 없었다.

둘째, 라디오가 대중화되면서 가수 및 연주자 등 음악예술가(music artists)들의 수입도 크게 줄어들었다. 종전에는 가수 및 연주자들이 무대에서 공연할 기회를 많이 가졌고, 라디오 방송국도 초기에는 실제 공연내용을 녹음해서 방송했었다. 그러나, 라디오 방송국들이 음반을 재생해서 방송하더라도 실제 공연을 방송하는 것과 크게 다르지 않다는 것을 알게 된 이후에는, 점차로 음악예술인들을 초청하지 않고 그 대신 음반을 구입해서 저렴한 비용으로 음악을 방송하기 시작했다.[50] 이러한 변화에 대응하기 위해서, 유럽에서는 가수와 연주자를 비롯한 공연예술가들에게도 자신의 공연을 음반으로 제작, 판매하거나 방송할 수 있는 권리를 부여해서 문제를 해결했다. 그러한 법개정이 없는 미국에서는 가수나 연주가들이 방송으로 유명해지는 것으로 만족할 뿐이고 공연 수입의 감소

---

49 Zvi S. Rosen, Common-Law Copyright, 85 U. Cin. L. Rev. 1055 (2018) at 1083.
50 Zvi S. Rosen, Ibid., at 1085.

를 그냥 감수해야 했다.

1960년대에 카세트 테이프 그리고 1970년대에 일본 소니(Sony)의 워크맨(Walkman)과 같은 개인용 단말기는 기존의 비닐음반이나 축음기보다 훨씬 더 휴대하기 편하고 음악을 더 저렴하게 접근할 수 있게 해주어 음악수요를 크게 늘렸다. 1980년대는 디지털 기술과 컴팩트 디스크(CD) 개발로 음반의 매출이 절정에 이르고 음악시장의 규모는 크게 성장했다. 우리나라에서도 1990년대 초 서태지와 아이들이 낸 음반은 국내 최초로 220만 장 이상 판매되면서 음반시장의 본격적인 성장이 시작되었다. 카세트 테이프와 CD의 등장으로 음악시장의 규모는 다시 성장하고 음반제작자들과 가수 그리고 연주가들의 수익도 다시 회복되었다.

21세기에는 인터넷이 보급되면서 소비자들은 더 이상 음반가게에 갈 필요도 없이 인터넷만 연결되면 공짜로 또는 아주 저렴한 가격으로 음악을 감상할 수 있게 되었다. 인터넷에서 음악의 무단복제와 무단공유가 급증하면서 음반판매는 급감하고 음악시장 전체가 상당한 혼란에 빠졌다. 2006년에 설립된 스웨덴의 스포티파이(Spotify)가 합리적인 조건의 스트리밍 서비스를 제공하기 시작하면서 무단복제의 필요성도 줄어들고 음악소비도 대폭 늘어나면서 음악시장은 다시 성장했다. 스포티파이, 애플뮤직, 멜론과 같은 음악유통 기업들은 많은 수익을 얻게 되었지만, 테일러 스위프트(Taylor Swift)와 같은 가수들과 연주가들이 받는 로열티는 오히려 줄어들었다고 불만을 제기하고 있다. 예술가들은 디지털 음원의 판매로부터 얻는 로열티 수익은 기대에 못미치더라도 음악수요가 크게 늘어나면서 커다란 시장광고의 효과를 보고 새로운 아이돌이 탄생하는 경우도 많아졌다. 아이돌뿐만 아니라 무명 예술가들도 스트리밍 앱으로 많은 소비자들을 만날 수 있게 되어 팬덤이라고 하는 또 다른 자산을 얻는다.[51] 팬덤은 라이브 공연의 수요를 증가시켜주었기 때문에, 미국의 라이브 공연 시장은 연간 30조 원의 시장으로 커졌고 우리나라의 공연 시장도 연간 2조 원에 가까운 수익을 창출하는 시장으로 커져서 스트리밍 시장과 함께 음악시장 전체의 규모를 더 키워주고 있다.

100년 전 미국의 라디오 방송국들은 언론의 자유를 앞세우고 음반제작자들에 대한 방송 로열티 지급에 관한 법개정을 막아낼 수 있었지만 21세기의 예술시장은 더 이상 스트리밍에 대한 로열티 지급을 거절할 수가 없었다. 21세기의 예술시장에서는 지상파 방송이나 음반의 판매는 대폭 줄어들고 이제 스트리밍 서비스가 압도적으로 높은 시장점유율을 차지하게 되었기 때문이다. 미국은 1995년 저작권법 개정을 통해서[52] 비로소 음반제작자, 다시 말해서 21세기의 '녹음물(sound recording)' 저작권자들은 스트리밍과 같은 디지털 전송의 방식으로 이루어지는 공연에 대한 보상청구권을 부여했다. 방송사들이 스트리밍 방식으로 음악을 방송하는 경우에 더 이상 로열티 지급을 거절할 수 없게 된 것이다. 그 결과 2015년 현재 녹음물 또는 음원 저작권자들은 약 3조 5천억 원(미화 30억 달러)의 디지털공연보상금을 받게 되었다.

여기에서 흥미로운 점은 미국 저작권법에서 말하는 '녹음물 저

---

51 William W. Shields et. al.,The Fair Play, Fair Pay Act of 2015 What's at Stake and for Whom?, 2015 B.C. Intell. Proat & Tech. Forum 1 (Fall 2015).

52 1995년 The Digital Performance Right in Sound Recordings Act (DPRA) 그리고 1998년 the Digital Millennium Copyright Act (DMCA)에 의한 저작권법 개정.

작권자'와 유럽이나 우리나라의 저작권법이 규정한 '음반제작자'가 반드시 동일한 권리자가 아니라는 점이다. 다시 말해서 스티리밍으로 인해서 생긴 새로운 시장에서 누가 가장 많은 인센티브를 갖고 누가 주도적으로 시장의 성장에 기여할 수 있는지가 달라질 수 있다는 점이다. 예컨대, 마이클 잭슨의 최대 흥행작 '스릴러(Thriller)'는 세계적으로 6천6백만 장의 음반 판매로 인한 수익을 올렸다. 유럽이나 우리나라와 달리 미국에서는 '스릴러'라고 하는 녹음물의 저작권자는 음반제작자뿐만 아니라 그 음반을 만드는 데 창작적인 기여를 한 사람이 누군지에 따라서 녹음물 저작권자가 결정된다.[53] 예술적 재능을 가진 가수 마이클 잭슨일 수도 있고, 음반제작을 기획하고 총지휘를 한 프로듀서 퀸시 존스(Quincy Jones)일 수도 있고, 뛰어난 예술적 감각을 가진 음향전문가일 수도 있고, 음반제작에 참여한 음악예술가(music artists)[54] 모두일 수도 있다. 다시 말해서 유럽이나 우리나라와 달리 미국에서는 보다 다양한 예술가들이 시장의 주역으로 예술을 창작하고 수익을 올릴 수 있는 법제도를 선택한 것이다. 녹음물 저작권자가 누구인지 불명확하다고 볼 수도 있겠지만 음반제작 당시 계약의 체결에 의하여 불명확성은 사라진다. 음반제작에 참여하는 예술가들은 계약체결을 통하여 권리의 귀속과 수익의 분배에 관한 합의를 하기 때문이다. 예술가들이 시장에서 자유로운 계약을 체결함으로써 예술시장은 더 효율적으로

---

53 저작권법 개정이유에 관한 하원의회보고서 H.R. REat NO. 92-487 (1971).

54 작곡 Rod Temperton, 음반기획 및 제작 producer Quincy Jones, 피아노 등 연주 Greg Phillinganes, 기타 David Williams, 트럼펫 Jerry Hey, 색소폰 Larry Williams, 음향 Bruce Cannon and Bruce Swedien 등. Gervais, Daniel (2015) "The Protection of Performers Under U.S. Law in Comparative Perspective," IP Theory: Vol. 5: Iss. 1, Article 8. Available at: http://www.repository.law.indiana.edu/ipt/vol5/iss1/8.

창작생태계를 뒷받침할 수 있는 것이다.

모방경제와 해적시장

과거에 미국은 유럽의 예술을 수입했던 신생국이었지만 예술시장의 성장으로 이제 미국의 예술이 거꾸로 유럽에 영향을 미치기 시작했다. 18세기에는 영국이 산업혁명을 선도했지만 19세기에는 미국이 제2차 산업혁명을 선도하면서 순식간에 영국의 기술수준을 따라잡고 훨씬 더 커다란 규모의 시장을 만들었다. 19세기의 미국 시장은 지구상에서 가장 많은 상공업의 자유를 허용하고 빈부귀천에 관계 없이 특허권, 저작권을 비롯한 재산권을 보장해주는 법제도를 갖추고 있었다. 미국이 제2차 산업혁명에서 성공할 수 있었던 것은 미국 시장의 자유롭고 평등한 질서를 배경으로 해서 가능했다. 그러나, 미국이 산업혁명에서 이룩한 기술혁신은 사실 별다른 대가 없이 영국의 선진기술을 모방할 수 없었다면 불가능했을 것이다.

미국은 철강생산에 있어서 초기에 영국의 베세머(Bessemer) 공법을 도입할 수밖에 없었다. 미국 기업들은 19세기 중반 대륙횡단철도 건설과 거의 모든 산업현장에 꼭 필요로 하는 고품질의 철강을 생산할 수 있는 자체 기술을 갖추지 못했기 때문이다. 철강왕 카네기도 영국을 방문해서 베세머 공법을 학습하고 철강생산에 베세머 공법을 도입했을 뿐만 아니라 용광로를 더욱 개량해서 고품질의 철강을 더욱 저렴하게 생산할 수 있었다. 베세머 공법의 도입과 개량으로 카네기 철강회사는 철도 레일의 가격을 1873년 1톤당 100달러에서 2년 후 50달러로 그리고 1890년에는 1톤당 18달러로 인하할 수 있었다. 1870년대에는 영국이 세계 최고의 철강생산국이었지만 미국기업들이 베세머 공법을 모방하고 개량한 이후에는 영국을 금방 추격할 수 있었다. 1900년에는 영국의 연간 철강생산량이 5백만 톤인데 반하여 미국의 연간 생산량은 1천만 톤을 넘어서 미국이 세계 최고의 철강생산국 지위를 차지하게 되었다.

석유생산에 있어서도 영국의 화학자 제임스 영(James Young)이 1848년에 정유공정을 개발해서 파라핀유의 생산에 성공했고 미국의 석유산업은 20년 후에 비로소 영국의 정유공정을 학습하고 석유생산을 본격적으로 시작했다. 그 당시 가장 수요가 많은 제품은 조명에 활용되는 등유(kerosene)였지만 영국의 정유공정은 많은 비용을 필요로 했고 부산물은 모두 강으로 흘려보내는 낭비를 감수해야 했다. 미국의 석유왕 록펠러는 원유에서 등유를 뽑아내고 나온 부산물 가운데 휘발유는 연료로, 타르는 포장용으로, 나프타는 가스 공장으로 그리고 파라핀은 양초로 만들어 판매해서 각 제품의 생산비용을 최소화했다. 록펠러의 석유회사 스탠다드 오일은 갤런당 58센트였던 등유가격을 8센트로 가격을 낮출 수 있었고 미국 정유시장의 90%를 장악하고 해외시장까지 진출할 수 있었다.

철도건설에 있어서도 미국은 영국의 앞선 기술을 학습하지 않을 수 없었다. 영국 철도의 아버지 스티븐슨(Robert Stephenson)은 아버지와 함께 철도건설을 위한 토목공학 기법과 기관차 설계를 했고 미국에까지 전파되었다. 미국의 기술자들은 단순한 학습에 그치지 않고 영국보다 더 험준한 미국지형에 적합하고 더 튼튼한 기관차를 개발했고, 미국의 철도왕 밴더빌트는 미국 전역의 철로 폭 규격을 표준화할 것을 강력히 주장해서 1863년에 대륙횡단철도건설의 근거법이 된 태평양철도법에 표준규격을 정했다. 이후 표준 철로 규격에 따라 훨씬 더 효율적인 철도건설을 실현했다. 18세기말까지만 해도 보스톤에서 뉴욕에 가는데 일주일 이상 소요되었지만 1860년대에는 불과 하루만에 갈 수 있게 되었다.

미국의 산업혁명에서 가장 중요한 모방은 시장질서와 법제도의 모방일 것이다. 영국의 마그나 카르타 및 권리장전이 미국에서의 상공업의 자유와 재산의 보호에 커다란 영향을 미쳤다. 기술의 모방에 있어서 미국이 단순모방에 그치지 않고 개량과 후속 연구개발을 통하여 영국을 따라잡을 수 있었던 것처럼, 시장질서에 있어서도 미국은 영국의 법제도보다 더 평등하고 더 대중적인 법제도를 채택했다. 다만, 미국의 시장질서는 건국 초부터 백인만의 평등을 의미했고 미국 상공인의 재산 보호에만 철저했다. 제2차 산업혁명과 함께 노예해방의 선언이 있었지만 흑백차별의 제도는 100년 이상 지속되었고 미국 상공인의 재산은 철저히 보호되었지만 외국인 특허권과 저작권은 보호받지 못했다.

그 당시 미국보다 훨씬 앞선 유럽의 기술과 예술을 학습하고 모방하는 데 외국인의 특허권과 저작권 보호는 걸림돌이 될 뿐이었다. 미국이 독립한 후 제정한 특허법은 외국인을 명시적으로 배제하지 않았지만 사실상 외국인 발명가들에게 특허권을 부여하지 않는 반면에 오히려 유럽에서 기술을 모방하고 허락 없이 도용한 미국인 발명가에게는 특허권을 부여했다. 19세기 초 미국의 시장은 유럽과 영국의 기술을 훔쳐온 상공인들이 합법적으로 상업화할 수 있는 해적들의 시장이었다. 1836년에 개정된 특허법은 외국인도 보호하기 시작했지만, 미국 시민권을 가진 외국인이나 미국에 1년 이상 거주한 외국인 발명가만 특허 보호를 받을 수 있도록 하는 거주지 요건을 도입했다. 1870년에 개정된 특허법은 거주지 요건을 삭제하고 모든 외국인의 특허 출원을 허용했지만, 특허를 받은 후 1년 이내에 미국에서 발명제품을 제조해야 한다는 요건을 규정해서 미국 제조업의 발전에 기여한 한도에서만 외국인을 보호했다. 그 당시 미국의 추격에 위협을 느끼기 시작한 유럽 국가들은 1883년에 외국인의 특허도 내국인과 마찬가지로 보호해야 한다고 하는 내용의 파리협약[55]을 체결하고 미국이 유럽의 특허를 철저히 보호해줄 것을 요구했다. 미국이 파리협약에 가입한 1887년에는 이미 해적들보다 미국 상공인들이 경쟁적으로 자체개발한 개량기술과 새로운 제품들이 날개를 달고 미국 시장뿐만 아니라 해외 시장으로 진출하기 시작한 때가 되었다.

미국의 상공인들이 영국의 기술을 모방하기 위하여 직접 영국을 방문하기도 했지만 대부분의 상공인들은 영국과 유럽에서 발행된 신문과 저널 및 학술지를 보고 기술을 학습하고 모방할 수 있었다. 다만, 미국은 1790년에 저작권법을 제정했지만 그 보호는 미국 시민 또는 미국에 거주하는 사람에 한정했기 때문에, 그로부터 100년간 유럽의 작가들은 미국에 거주하지 않는 한 미국에서 자신의 저작권을 주장할 수 없었다. 영국의 저명한 작가 찰스 디킨스의 작품은 미국에서도 많은 사랑을 받고 있었지만, 찰스 디킨스도 자

---

55 산업재산권 보호를 위한 파리협약(The Paris Convention for the Protection of Industrial Property).

신의 작품들을 허락없이 출판해서 막대한 수익을 올리고 있는 미국의 엄청난 규모의 해적시장을 보면서 커다란 충격과 분노를 피할 수 없었다. 찰스 디킨스는 미국이 외국저작물을 보호해야 한다는 주장을 하면서 미국 정치인들에게 법개정의 필요성을 역설했다. 그 당시 선진국이었던 유럽 각국은 외국저작물의 국제적 보호를 위하여 1886년에 베른협약[56]을 체결하고 미국을 압박했다. 미국은 베른협약 가입을 거절하는 대신에 1891년에 저작권법을 개정하고, 저작권에 관한 양자조약(bilateral copyright agreements)을 체결한 체약국의 작가들에 한하여 미국 내 저작권 보호를 제공하기 시작했다. 다만 외국작가들의 작품이 미국 내에서 저작권 보호를 받기 위해서는 반드시 미국 내에서 인쇄되어야 한다고 하는 중요한 조건을 충족해야 했다. 미국 내 인쇄조건은 미국의 인쇄소를 비롯한 미국 기업들의 보호를 위한 조건임은 물론이다. 이 법에 따라 양자조약을 체결한 영국과 유럽 각 국의 작가들은 미국 내에서 로열티 수익을 올릴 수 있었고, 마찬가지로 미국의 작가들도 영국와 유럽에서 저작권 보호를 주장할 수 있게 되었다. 19세기 말에는 미국의 출판물도 해외시장에 수출되고 있었기 때문에, 법개정에도 불구하고 미국의 출판시장은 별다른 충격 없이 지속적인 성장을 계속할 수 있었다.

56 문학예술 저작물의 보호를 위한 베른협약(Berne Convention for the Protection of Literary and Artistic Works).

국가 주도의 시장경제

독일과 일본은 미국보다도 더 늦게 산업혁명을 시작했지만 영국이나 미국보다 훨씬 더 빠른 속도로 산업혁명에 성공하고 부국강병을 이룩했다. 독일과 일본은 19세기 중반까지 후진국에 불과했고 그 당시 최고의 선진국 영국 및 미국에서의 발전을 보고 충분히 학습할 시간을 가졌기 때문에 더 빠른 속도로 발전할 수 있었다. 독일과 일본의 정부는 학습결과를 토대로 하여 시장의 발전에 아주 적극적인 역할을 해서 단기적으로 보다 효율적이고 신속하게 선진국을 추격할 수 있었다.

독일은 1871년에 비로소 독일제국의 형태로 단일한 근대국가로 출발해서 미국보다 100년 정도 뒤늦게 국가 차원의 산업혁명을 시작한 셈이다. 그러나 독일의 선진기술 학습과 추격은 40년 전으로 거슬러 올라가서 조금씩 준비하기 시작했다. 1834년에 프로이센(Prussia)의 주도로 18개 공국이 독일관세동맹을 설립한 것을 출발점으로 볼 수 있다. 국가형태는 아니지만 관세동맹의 형태로나마 18개 공국 사이에 관세 부담 없이 상품의 공급과 수요가 이루어질 수 있는 커다란 시장이 만들어진 것이다. 18개 공국으로 시장의 규모가 커지면서 운송의 수요가 늘어나고 철도 건설과 증기기관차 제조 그리고 철도운송에 필요한 석탄과 철강의 생산도 순차적으로 급증했다. 철강생산에 있어서 독일도 영국의 베세머 공법을 모방했지만 더 효율적인 용광로를 개발하여 19세기 말에는 고품질의 철강 생산량에 있어서 영국을 추월했다. 1871년에 공국들의 통일을 이룩한 독일제국은 자국 시장을 보호하기 위한 관세정책을 채택했을 뿐만 아니라 철도 건설, 연구개발, 직업교육 등에 예산을 투입하고 기업들의 기술개발에 재정지원과 조세혜택을 통하여 산업화에 적극적인 역할을 수행했다.

독일은 정부 주도로 화학, 자동차, 전기 분야의 기술개발에 집중적인 투자를 했고 그 투자규모가 영국보다 더 많았다. 독일에서는 기업집단 콘체른(Konzerne)이 정부 지원을 받고 자체적으로 자본을 조달해서 빠른 시간 내에 기술혁신과 규모의 경제를 실현하고 시장점유율을 높일 수 있었다. 화학산업을 주도한 BASF(Badische Anilin-und Soda-Fabrik)는 1865년에, 전기전자산업을 주도한 지멘스(Siemens)는 1847년에 설립되어 독일의 산업혁명을 주도한 대표적인 기업들이다. 그리고 벤츠(Benz)는 세계 최초로 가솔린 엔진의 개발에 성공하여 1885년부터 가솔린 자동차를 생산하기 시작했다.

독일은 영국의 기술을 모방하면서 산업혁명을 시작했지만 정부 주도로 연구개발에 집중적인 투자를 하고 새로운 기술을 개발하면서 국내총생산에 있어서 불과 40년만에 영국을 추월했다. 법제도에 있어서 독일은 영국의 입헌군주제를 모방하면서도 미국의 연방제도를 모방하여 25개 주정부로 구성된 연방국가를 만들었다. 독일제국의 시장질서도 기본적으로 영국 및 미국과 마찬가지로 상공업의 자유와 재산의 보호를 기본으로 하면서도 로마법의 영향을 받아서 민사법 및 형사법의 내용을 명시적인 법조문으로 제정해서 공표했다. 특허와 저작권을 보호하면서도 영국을 비롯한 외국의 발명가 및 작가들은 보호를 받지 못했다. 프로이센은 1837년에 저작권법을 제정해서 시행했지만 독일의 출판사들은 아무런 허가 없이 영국 등 외국의 저널과 작품들을 경쟁적으로 인쇄하고 판매했다.

독일의 구텐베르크가 금속활자술을 개발해서 출판시장은 빠른 속도로 성장했지만 외국의 저작물에 편승한 해적들의 시장이었다. 해적들의 시장에서 공급되는 영국과 미국의 문헌들은 독일의 과학기술 발전에 중요한 자양분이 되었다. 역설적인 현상이지만 만일 프로이센이 초기부터 외국저작물을 보호했다면 선진 기술과 지식의 모방과 학습에 어려움을 겪고 산업혁명에도 커다란 지장이 있었을지도 모른다. 19세기 말 독일이 지재권의 국제적 보호에 관한 파리협약과 베른협약에 가입한 때에는 이미 독일의 기술과 시장이 영국을 따라잡고 경쟁적인 지위에 올라섰다.

독일제국은 미국 독립보다 100년 뒤늦었지만 독일 북부지역의 프로이센은 1701년에 왕국을 건설하고 상공업의 자유와 재산의 보호를 허용하는 시장질서를 만들기 시작했다. 1740년 국왕에 즉위한 프리드리히 2세(Frederick II)는 군사력을 강화하고 계몽주의 철학과 사상 및 과학의 확산을 적극 후원하여 기술혁신과 시장의 성장을 뒷받침했다. 미국과 독일은 18세기부터 선진국의 과학기술을 학습하고 모방할 수 있는 상당한 시간을 가진 셈이다. 이에 반하여 1868년 '메이지 유신(明治維新)'과 함께 본격적인 산업화를 시작할 당시의 일본은 미국 및 독일과 비교할 수 없을 정도로 뒤쳐진 후진국이었다. 일본은 메이지 유신 이전에 나가사키의 조그만 인공섬 데지마(出で島)에 네덜란드의 상공인과 과학기술자들이 체류하도록 하면서 네덜란드 즉 화란의 과학기술을 학습한 것이 전부라고 말할 수 있다. 일본의 에도막부는 청나라 및 조선과 마찬가지로 쇄국정책을 고집하면서도 데지마를 통하여 란학(蘭學)을 공부하고 약 200년간 조금씩 서양 기술을 모방할 수 있는 사전 기회를 가진 셈

이다. 그러나, 에도막부의 기술 모방은 프로이센과 비교할 수 없는 정도로 미미한 수준에 머물고 있었다.

1853년에 미국의 페리 제독이 전함으로 끌고와서 교역을 요구하고 1868년 메이지 유신으로 산업화를 시작할 당시의 일본은 청나라처럼 서양 제품의 수입을 강요받고 서양의 시장으로 전락할지 모른다고 하는 두려움과 위기감을 가질 수밖에 없었다. 서양의 위협으로부터 일본을 지키기 위하여 일본은 빨리 서양의 기술을 모방하고 시장을 발전시켜야 했고 독일보다 훨씬 더 다급했던 상황인 셈이다. 일본이 국가 주도로 기술혁신과 시장질서를 만들어나간 이유는 바로 이러한 위기감과 다급함에서 유래한다.

1868년 메이지 유신으로 새로이 구성된 정부는 교토황궁에서 메이지 천황 통치의 기본원칙을 담은 5개조 서약문(五箇条の御誓文)을 공표했다. 5개조 가운데 5번째 조항은 "제국의 토대를 강화하기 위해 전 세계에서 지식을 구해야 한다"는 것이다. 조속히 서양의 기술을 학습하고 모방하는 것이 일본제국의 발전에 절대적으로 중요한 과제임을 명백히 한 것이다. 첫째, 3천 명 이상의 외국인 전문가(御雇い外国人)를 채용하여 서양의 과학, 공학, 군사기술, 서양어를 가르치도록 했다. 둘째, 이와쿠라 토모미(岩倉 具視)와 이토 히로부미(伊藤 博文) 등의 정치인들로 구성된 이와쿠라 사절단(岩倉使節團)이 미국과 유럽을 방문하여 불평등조약의 개정을 추진하고 서양의 법제도를 공부해서 법제도 개혁에 반영했다. 셋째, 서양 기술의 모방을 가속화하기 위하여 일본의 유능한 청년들은 미국과 유럽에 파견하여 유학생으로 서양의 학문을 공부하도록 했다.

기술의 모방에 있어서는 일본의 상공인과 학생들이 영국과 미국 및 유럽의 기술을 모두 학습하려고 한 반면에, 법제도에 있어서는 영국이나 미국의 판례 중심의 법제도보다 독일의 연방의회가 제정한 성문법 중심의 법제도를 많이 따랐다. 특히 메이지 유신 당시 일본의 기술수준은 영국이나 미국에 비하여 상대적으로 아주 낙후되어 있었기 때문에 독일의 법제도를 모방하여 실용신안법을 제정할 필요가 있었다. 실용신안법은 낮은 수준의 기술 또는 작은 발명품을 보호하기 위하여 독일 연방의회가 창안해낸 제도였고, 일본은 자국 기업들의 낮은 기술수준을 고려하여 실용신안법을 도입한 것이다. 독일과 일본의 중소기업들은 특허를 받을만한 커다란 발명을 하기에는 역부족인 경우가 많지만 시장의 수요에 맞춰서 조그만 발명품 또는 개량제품을 개발한 경우에 실용신안법에 의한 등록을 하고 시장에서 독점적인 판매를 할 수 있었다.

일본은 데지마에서 란학으로 서양의 과학기술을 학습한 것을 제외하면, 독일보다 훨씬 더 빠른 속도로 서양의 기술을 모방하고 근대적인 시장질서를 만들었다. 일본은 영국, 미국, 독일과 마찬가지로 원자재 조달 및 상품판매를 하는 시장을 확보하기 위하여 후진국을 침략하고 식민지배를 했다. 일본이 뒤늦게 식민지배 방식의 시장확장을 추구한 제국이 된 이후 20세기 중반 전세계의 84%가 식민지배로 만들어진 시장이 되었다. 식민지배를 받는 시장은 특정 제국이 독점적으로 지배하는 폐쇄적인 시장이고 그 제국에 의하여 착취되는 시장이었다. 제2차 세계대전의 종전과 함께 식민지배의 광풍도 끝나고 식민지배를 받던 폐쇄적인 시장은 개방되고 지구 전체가 비교적 자유로운 경쟁이 가능한 시장으로 탈바꿈하기 시작했다. 새로운 국제질서 속에서 일본보다 더 빠른 속도로 기술혁신과 시장의 성장을 이룩한 국가들이 등장했다. 우리나라가 그중 하나임은 물론이다.

우리나라는 과학기술의 학습에 있어서는 미국에 의존했지만 법제도의 도입에 있어서는 독일의 법제도를 이상적인 모델로 생각했다. 빠른 속도로 근대적인 시장질서를 만들기 위하여는 일본처럼 독일의 명확한 성문법을 수입해서 신속하게 우리나라의 법제도를 확립할 필요가 있었기 때문이다. 다만 해방 이후 일본어에 익숙한 사람들이 많았고 일본어의 문법과 문장구조가 한글과 유사해서 배우기 쉽기 때문에, 우리 상공인들은 서양의 기술을 목표로 하되 우선 일본의 기술을 모방했고 우리 정부는 독일의 법제도를 모델로 생각하면서도 일본의 법제도를 모방하는 편리한 길을 선택했다. 우리나라는 일본처럼 관세, 보조금, 조세특혜, 금융, 연구개발 지원을 통하여 빠른 속도로 국가 주도의 시장질서를 만들었다. 우리 정부가 고속도로, 철도, 항만 등의 기간시설의 건설과 공교육 및 직업교육 등에 많은 예산을 투입한 것도 독일 및 일본의 정책을 많이 참고한 결과이다.

기술 모방으로 고속성장을 이룩하면서 우리나라는 1980년대까지 외국인의 발명과 저작물을 보호하는 것에는 별다른 관심을 갖기 어려웠다. 특허권이나 저작권의 보호보다 선진기술을 빨리 학습하고 모방하는 것이 유일한 미덕이고 애국이었기 때문이다. 우리나라의 국내시장은 너무나 조그만 규모에 불과했기 때문에 기술 모방으로 빨리 제품을 만들고 해외시장에 진출해야 했다. 우리나라의 수출은 급성장해서 1971년도에 1백만 달러, 1977년도에 1천만 달러, 1981년에 2천만 달러가 넘는 수출액을 달성했다. 1971년부터

1981년까지 우리나라의 수출액은 20배 급증했지만 한국산(Made in Korea) 제품은 품질이 좋지 않은 싸구려 제품으로 인식되고 있었다. 미국의 상점에 들어가면 일본 소니의 전자제품은 입구에 비싼 가격표와 함께 멋지게 전시되어 있지만 삼성 제품들은 뒤편 구석에 초라한 모습으로 저가품을 찾는 고객들을 기다리고 있었다. 1995년도부터 우리나라 수출액은 1억 달러를 넘었다. 수출액만 증가한 것이 아니라 품질에 있어서도 세계 1등을 차지한 제품들이 많이 늘어났다. 미국 상점에서도 삼성과 LG의 전자제품이 입구의 가장 좋은 자리를 차지하고 가장 비싸고 가장 멋진 제품으로 소비자들을 유혹하게 되었다.

국제적 시장실패

1980년대에 일본과 한국은 미국과의 교역에서 엄청난 흑자를 기록한 반면에 미국은 엄청난 적자를 감수하고 있었다. 일본의 자동차기업들은 미국 자동차시장의 23%를 차지했고, 미국 중산층 가정은 대부분 소니 TV와 VTR을 구입했으며 청소년들은 소니 워크맨(Walkman)으로 음악을 들으면서 걸어가는 유행을 즐기고 있었다. 일본의 태양은 떠오르고 모든 부문에서 일본이 1등을 했다고 엄청난 자부심을 갖게 되었고 미국은 심각한 위기감을 갖게 된 순간이었다. 최근 중국의 무서운 추격을 보면서 미국이 보복과 제재를 본격화한 것과 유사한 순간의 1980년대였다. 미국은 일본의 자동차와 전자제품들이 미국 시장을 휩쓸고 미국이 엄청난 규모의 무역적자를 보게 된 근본적인 이유가 국가 간 수출 및 수입으로 이루어지는 국제적 시장이 실패했기 때문이라고 주장했다. 다시 말해서 비정상적인 환율, 저가 상품의 덤핑, 모방 및 복제와 같은 해적 행위 등으로 인하여 국제적 차원의 시장이 제 기능을 발휘하지 못하고 수출과 수입이 왜곡되었다는 것이다.

국제적 시장실패를 해결하기 위하여 미국은 선진국 정부들이 외환시장에 개입해야 한다고 주장했다. 1985년에 뉴욕 플라자 호텔에서 미국, 일본 등의 선진국 정부들이 모여서 일본 엔화 등에 대한 미국 달러화의 가치를 떨어뜨리기로 합의한 플라자협정(Plaza Accord)을 체결했다. 플라자협정으로 인하여 달러화의 가치가 떨어지면서 미국의 수출경쟁력이 좋아지고 미국의 무역적자가 서서히 축소되기 시작했다. 플라자협정 체결 이전에는 1달러가 200엔에 달했는데 1987년에는 128엔으로 달러화 가치가 대폭 떨어졌다. 달러 가치의 하락은 일본 엔화 강세를 뜻하고 상당히 수출에 의존하고 있던 일본은 '엔화강세로 인한 불황(円高不況)'을 겪게 된다. 경기불황을 극복하기 위하여 일본 정부는 공공투자의 확대와 같은 재정정책과 통화량을 늘리는 완화정책 그리고 공식할인율을 대폭 낮추는 조치를 취했다. 그러나 일본 정부의 이러한 시장개입은 오히려 지나치게 많은 돈이 주식시장과 부동산시장에 몰려가서 심각한 거품을 만들어냈다. 1992년초에 드디어 주식거품과 부동산거품은 터지고, 일본은 연평균 1% 미만의 저성장에 머무는 장기불황 또는 잃어버린 20년을 맞이하게 된다.

미국의 대응은 환율조정으로 그치지 않았다. 미국은 무역의 불공정 관행을 고쳐야 한다고 주장했다. 특히 1980년대 중반에 일본의 NEC, 도시바, 히타치가 미국의 TI와 Intel을 물리치고 세계 D램

시장의 80% 이상을 차지하고 있었다. 그 당시 미국의 레이건 정부는 일본으로 하여금 자동차와 철강의 대미 수출을 자발적으로 억제하도록 압력을 가했고 일본의 반도체에 관세를 부과했다. 일본의 반도체시장 점유율이 급증한 이유가 일본 기업들의 기술혁신과 효율적 경영의 결과인지 아니면 일본 정부의 지원으로 일본 기업들이 불공정하게 낮은 가격에 판매하는 덤핑때문인지에 관하여 미일 정부 사이의 시각차는 좁혀질 수 없었다. 1986년 미국의 압력으로 일본은 미일 반도체 협정[57]을 체결하지 않을 수 없었다. 이 협정에 따라서 미국 반도체시장에서는 반도체 칩의 최소한의 공정한 가격을 정해서 일본 기업들이 준수하도록 하는 한편, 일본 반도체시장에서는 외국 기업 제품의 점유율이 20%가 될 정도의 수입을 해야 할 의무를 부담하게 되었다. 미일 반도체 협정이 시행되면서 일본 반도체 기업들의 시장경쟁력은 약화되기 시작했고 미국과 우리나라의 반도체 기업들이 시장 점유율을 점차 늘려 나가기 시작했다.

셋째, 미국은 불공정 무역관행의 하나로 우리나라 등 개발도상국에 번창하고 있던 해적시장을 들고 그 해결을 요구했다. 우리나라가 특허와 저작권을 보호하고 있었지만 미국 등 외국인의 발명과 저작물을 보호하지 않는다면 국제적인 차원에서 시장실패가 나타난다고 보고, 개발도상국의 해적시장이 불공정 무역관행에 해당한다고 주장한 것이다. 본래 발명과 저작물은 '공공재(public goods)'에 해당하기 때문에 미국의 특허와 저작권을 보호하지 않는다면 우리나라 기업들이 미국 기업들의 노력과 투자에 무임편승하는 것이라는 게 미국 주장의 핵심이다.

---

57 U.S. Japan Semiconductor Agreement 1986.

‘공공재’는 물이나 공기처럼 동시에 다수가 이용할 수 있고(비경합성) 물이나 공기를 깨끗하게 관리하기 위하여 노력하지 않는 사람이라고 그 사람을 배제할 수 없기 때문에(비배제성) 아무런 노력이나 비용없이 심지어 공해를 배출하면서 물이나 공기를 이용하는 ‘무임편승(free ride)’ 현상이 일어나는 재화를 말한다. 발명이나 저작물의 창작에는 많은 노력과 투자가 필요하지만, 특허나 저작권의 보호가 없다면 누구나 아무런 노력이나 투자 없이 쉽게 모방하고 복제하는 무임편승이 발생하고 새로운 혁신과 창작을 위한 노력과 투자는 사라지는 시장실패가 발생하게 된다.

18세기와 19세기에는 미국도 해적시장을 통하여 기술의 학습과 모방을 했고 산업혁명에서 많은 발전을 이룩했다. 미국뿐만 아니라 독일과 일본도 산업혁명 초기에 자체 기술수준이 낮을때에는 선진기술을 모방하고 무임편승하는 과도기를 거쳤다. 외국인의 발명과 저작물을 보호하기 위한 파리협약과 베른협약과 같은 국제협약이 있지만 회원국에 외국인의 발명과 저작물의 보호를 강제할 방법은 사실상 없었다. 이제 외국인의 발명과 저작물의 보호를 강제하기 위한 방안으로, 미국은 특허와 저작권의 보호가 중요한 무역이슈라고 주장하고 있는 것이다. 해적시장을 방치하고 불공정 무역을 계속하는 국가에 대하여 미국이 무역제재를 가할 수 있기 때문이다.

우리나라는 미국의 압력으로 지재권 보호를 강화하기 위한 법 개정을 하지 않을 수 없었다. 1986년에 특허법, 상표법, 저작권법, 의장법(현재 디자인보호법), 부정경쟁방지법을 모두 대폭 개정하고 컴퓨터프로그램보호법을 제정했다. 우리나라가 지재권의 보호를 강화하는 것은 미국의 압력으로 시작했지만 우리 국내 산업의 구조가 선진화되고 있다는 점도 반영한 것이었다. 과거에는 우리 산업이 기술 모방과 저임금 노동에 의존하는 단순제조업 중심이었다면 1980년대에 들어와서 우리 산업은 전문인력에 의한 연구개발로 첨단기술을 개발해서 상품과 서비스를 제공하는 기술집약적 산업으로 탈바꿈을 하고 있었다. 우리 기업들이 개발한 첨단기술은 우리나라에서뿐만 아니라 해외시장에서도 보호받아야 하기 때문에 우리나라에서 외국 기업의 기술을 보호해줄 필요도 충분히 있었던 것이다. 지재권 보호를 강화하는 법개정이 이루어진 이후에, 실제로 삼성을 비롯한 국내 기업들의 해외시장에서의 특허출원도 급증했고 외국기업의 국내 특허출원도 늘어나기 시작했다.

외국인의 저작권 보호도 미국의 압력에 의하여 시작했지만 1980년대의 국내 시장과 창작 생태계도 저작권 보호의 강화를 필요로 했다. 과거에는 교보서점에서 외국 서적의 무단복제본이 버젓이 다량 판매되고 있었고, 외국인 저작물의 보호가 시작되자 국내 출판업자들이 책을 불태우면서 격렬하게 항의를 하기도 했다. 기존의 국내 시장에서는 출판업자들이나 방송국 등의 유통업자들이 국내 저자들과 음악 예술가들에게 로열티를 내는 것보다 공짜로 외국 서적과 팝송을 이용하는 것을 선호하는 것도 당연했다. 외국인의 저작물을 공짜로 이용하는 해적시장으로 인하여 국내 저자들과 국내 작곡가 및 가수들이 경쟁상 불리한 지위에서 놓였던 셈이다. 저작권법의 개정으로 외국 저작물의 보호가 시작되면서 실제로 국내 시장에서 허락을 받고 번역한 서적이 늘어났고 국내 음악시장도 급성장하면서 한류를 일으키는 주역으로 성장했다. 1970

년대에는 일본 망가(漫画)가 공짜였으니 망가를 볼 수밖에 없었지만 외국 저작물의 보호가 시작된 이후에는 서서히 국내 만화작가들의 창작활동이 늘어나고 인터넷과 함께 웹툰으로 해외시장에 진출해서 또 하나의 한류를 만들었다.

03 CHAPTER

시장의 경쟁질서

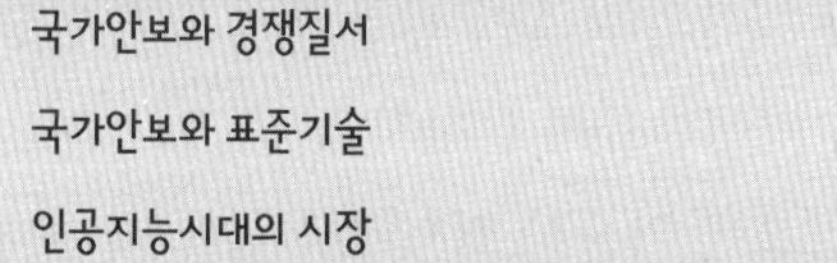

CHAPTER 03

시장의 경쟁질서

시장과 정부

시장은 원시림의 자연상태처럼 저절로 주어지지는 않는다. 시장은 특정 시대 특정 국가의 사람들이 자유롭게 경쟁하면서 만들고 바꿔나간다. 그러나 시장에서의 자유로운 경쟁은 항상 가능한 것은 아니고 어디에서나 보장되는 것도 아니다. 시장의 경쟁질서는 자연상태 속에서 태어난 자생적 질서가 아니라 특정 시대 특정 국가의 법제도에 의하여 만들어진 인위적 질서이기 때문이다. 시대마다 국가마다 시장의 질서가 다른 이유는 바로 여기에 있다. 상공업의 자유와 재산의 보호에 관한 법제도를 어떻게 확립하는가에 따라서 시장의 경쟁질서는 달라지고[1] 국가의 흥망성쇠도 좌우된다는 것이 인류의 오랜 역사적 경험에서 쉽게 확인해볼 수 있는 사실이다. 예컨대, 유럽과 미국은 상공업의 자유를 보호함에 있어서도 어느 정도로 경제활동의 자유를 허용하는지, 광고 등 표현의 자유 등에 있

1 Oren Bracha, The History of Intellectual Property As the History of Capitalism, 71 CaseW.Res.L.Rev. 547 (2020), p. 571.

어서 상당한 차이가 있고 그 질서의 차이가 그 유럽과 미국의 운명을 좌우했다. 재산의 보호에 있어서도 토지 등 부동산의 취득, 특허와 저작권의 보호 정도 등에 관한 법제도의 차이가 기술혁신과 시장발전 여부에 많은 영향을 미쳤다.

1980년대 일본 정부가 채택한 법과 정책은 얼마나 시장질서에 악영향을 미쳤는지 극명한 결과를 보여주었다. 미국의 환율조정과 자동차 및 반도체 등의 시장점유율 강제조정 등의 압력에 대하여 일본은행과 의회 및 정부가 채택한 법과 정책은 과도한 통화량 증가를 초래하고 부동산시장과 증권시장을 붕괴시키는 결과를 초래했다. 우리나라는 유럽과 미국 그리고 일본의 시장질서를 비교해보고 우리에게 적합하면서 효율적인 법제도를 선택할 수 있었다. 다행히 이제까지 우리 정치지도자들과 국민은 법제도의 선택과 시장질서의 형성에 좋은 성과를 기록할 수 있었다. 다만 최근 경험하고 있는 4류 정치와 여론의 양극화로 인하여 앞으로 우리가 지속적으로 합리적이고 효율적인 선택을 할 수 있을지에 대한 상당한 우려를 하지 않을 수 없게 되었다.

상공업의 자유와 재산의 보호를 기본으로 하는 시장질서가 형성되면, 기업들이 자유롭게 경쟁할 수 있게 되면서 자원의 효율적인 배분이 이루어지고 국가는 발전한다. 그러나 자유로운 경쟁이 이루어질 수 없는 경우 또는 상품/서비스가 외부효과를 초래하거나 공공재에 해당하는 경우에는 자원의 효율적인 배분을 기대하기 어렵다. 예컨대, 통신시장처럼 통신망 등의 필수 설비를 보유한 기업의 자연독점이 나타날 수 있는 경우, 노동시장처럼 고용주의 임금결정력이 노동자보다 압도적으로 큰 경우, 환경오염을 유발하는 기업처럼 기업 차원에서는 이윤을 추구하는 행위가 사회적인 차원에서는 부정적인 외부효과를 초래하는 경우, 국방이나 치안처럼 국민 모두가 소비자에 해당하지만 그 수혜 대가를 지급하지 않고 무임편승하는 사람을 배제할 수 없는 공공재에 해당하는 경우 등에는 소위 시장의 보이지 않는 손이 제대로 작동하기 어렵다. 이와 같이 자유로운 경쟁을 할 수 없거나 또는 자유로운 경쟁이 오히려 효율적인 자원의 배분을 방해하는 경우에는 시장이 제 기능을 발휘할 수 없는 '시장실패(market failure)'가 발생한다.

시장실패가 발생한 경우에 정부는 그 해결을 위하여 필요한 법제도를 추가적으로 만들어서 시장에 개입한다. 예를 들면, 통신시장에서의 시장실패를 해결하기 위하여 기업의 진입과 퇴출 및 통신료까지 규제하기도 하고, 노동시장에서 고용주와 근로자와의 자유로운 계약 대신에 최저임금과 근로시간 등에 관한 규제를 하기도 하고, 환경오염을 유발하는 기업에게 배출 허용량을 규제하거나 보조금 지급 또는 세금 부과 등의 다양한 해결책을 시도하고, 공공재에 해당하면서도 필수적인 국방이나 치안과 같은 서비스는 국가가 직접 공급을 담당한다. 상공업의 자유 및 재산의 보호와 마찬가지로, 시장실패를 극복하기 위한 법제도의 선택도 시대마다 국가마다 상당한 차이를 보이고 있다. 시장실패를 해결하기 위한 법제도가 시장의 보이지 않는 손을 회복해주고 과연 바람직한 시장질서를 만들어주었는지에 대해서도 시대마다 국가마다 그 효과 및 평가는 상당히 다른 실정이다. 시장실패를 극복하기 위한 정부의 시장개입이 오히려 시장의 효율성을 저해하거나 또 다른 시장실패를 초래할 수도 있다. 예를 들면 우리나라에서 지난 수년간 최저임금을 급격히 인상했는데, 그 효과를 분석한 논문의 대부분은 정부가 최저임금을 강요함으로써 고용감소, 즉 음의 고용효과가 있다고 지적하고 있다. 법제도를 만들어서 정부가 스스로 시장실패를 초래했다는 점에서 기존의 시장실패 이외에 정부실패가 추가된 셈이다. 시장실패를 해결하기 위한 시장규제는 항상 규제로 인하여 사회가 치러야 할 비용과 부작용을 동시에 신중히 분석해야 한다.

시장실패가 없더라도 공정하고 자유로운 경쟁이 어려운 경우에는 정부가 개입한다. 특정 기업의 거래가 불공정하거나 사기에 해당하거나 허위광고로 소비자의 판단을 혼란시키는 경우에 그 기업에 민사 또는 형사 책임을 부과한다. 동서고금을 막론하고 개인 간의 거래에 있어서도 불공정하거나 사기에 해당하면 그 거래가 무효로 되고 심지어 형사 책임을 질 수 있다는 점을 생각해보면, 효율적인 시장질서의 유지를 위하여 기업들의 거래에 예외적으로 국가권력이 개입할 수 있는 것은 너무나도 당연하다. 다만, 산업혁명을 거치면서 시장의 규모가 세계적인 규모로 커지고 기업들의 시장지배적 지위도 커지면서 정부가 보다 적극적으로 기업의 거래나 사업관행을 감시하고 때로는 개입해야 할 필요성이 제기되었다. 1890년 미국이 제정한 셔먼법(Sherman Act)은 시장에서의 자유로운 경쟁을 촉진하기 위하여 정부가 개입할 수 있는 법적 근거를 마련한 최초의 현대적인 독점규제법에 해당한다. 유럽에서는 1925년에 스웨덴이 그리고 1926년에 노르웨이가 경쟁법을 제정하여 카르텔이나 독점을 규제하기 위하여 정부가 개입할 수 있는 근거를 마련했다. 1957년에는 유럽경제공동체(EEC: 오늘날의 유럽연합)가 로마조약을 체결하면서 그 조약의 내용 가운데 경쟁법 규정을 두었고 오늘날 유럽연합의 행정부에 해당하는 유럽집행위원회가 단일시장 내의 독점이나 카르텔을 규제하기 위하여 적극 개입한다.

현대적인 독점규제법이 등장한 이래 지난 130여 년간 정부의 시장개입 정도는 상당한 변화를 겪어왔다. 정치 상황의 변화 및 경제학 사조의 변화에 따라서 정부가 기업의 거래와 시장질서에 적극적으로 개입하는 시기가 있는가 하면 정반대로 시장의 자정기능에 맡겨두는 시기가 있었다. 19세기 말 미국의 급속한 산업혁명 과정에서 스탠다드 오일(Standard Oil)과 같은 대기업들의 시장독점으로 인한 폐해가 늘어나고 정경유착 및 부패에 대한 우려가 심각해졌다. 바로 이러한 시장 상황에 대한 정부와 국민의 선택으로 셔먼법이 제정되었다. 미국이 제2차 산업혁명을 선도할 수 있었던 것은 대기업들이 소규모 기업들보다 더 좋은 제품을 더 저렴하게 판매하고, 특허발명을 보유한 기업이 기술혁신으로 새로운 제품을 시장에 공급할 수 있었기 때문이다. 그러나, 대기업들의 시장독점이 급속히 증가하면서 고전경제학에서 말하는 '시장의 보이지 않는 손'이 더 이상 작동할 수 없는 상황에 도달했다. 고전경제학 이론에 의하면 시장이 다시 균형점을 찾아서 스스로 문제를 해결할 수 있기 때문에 어떠한 형태로든 정부가 시장에 개입하는 것은 불필요하다고 본다. 따라서 고전경제학의 시각에서 보면 1890년에 독점규제를 위하여 정부가 개입할 수 있는 법제도를 도입한 것은 예외적이고 새로운 해결책인 셈이다. 더 나아가 미국의회는 1914년에 정부의 시장개입을 강화하기 위하여 클레이튼법(Clayton Act)을 제정했다. 클레이튼 법에 의하여 정부는 대기업의 해체와 기업합병에 대한 규제를 통하여 적극적으로 시장에 개입할 수 있는 권한을 갖게 되었다. 또한 미국의회는 독점 규제와 소비자 보호를 위한 정부 전담조직으로 연방거래위원회(Federal Trade Commission: FTC)를 신설했다. 법무부에도 독점 규제를 담당하는 조직이 있기 때문에 미국 정부에는 법무부와 연방거래위원회가 서로 협력하여 때로는 경쟁적으로 시장의 경쟁질서에 개입할 수 있다.

정부가 기업 간 경쟁에 개입하는 독점규제법의 역할은 그렇게 오래 가지 못했다. 1914년에 제1차 세계대전이 시작되었고 1929년에 세계대공황으로 시장 전체가 거의 붕괴되었기 때문이다. 특히 전쟁이 끝난 후 신용확장과 감세정책 등으로 시장의 유동자금이 대폭 증가하고 주식시장에 거품이 많아졌고 1929년 10월 주식이 폭락하면서 은행과 기업들이 파산하고 금융시장뿐만 아니라 거의 모든 시장이 순식간에 파국을 맞았다. 자유로운 경쟁이 오히려 시장을 붕괴시켰다고 하는 주장이 많아졌다. 1932년 대통령 선거에서 프랭클린 루스벨트(Franklin Roosevelt) 후보는 뉴딜(New Deal)정책을 선언하면서 대통령에 당선되었다. 뉴딜정책의 핵심은 자유경쟁 대신에 산업계, 노동계, 정부가 함께 모여 상품의 최저 가격을 설정하고, 주식시장에서 투자자를 보호하기 위하여 증권거래위원회(SEC)를 만들고, 농산물의 과잉생산을 막기 위하여 정부 주도로 생산량을 조절하는 것이었다. 연방대법원이 뉴딜의 일부 제도가 헌법에 위반된다고 판단했지만 뉴딜정책의 접근법은 상당기간 계속된다. 독점규제법의 접근방식과는 정반대로 기업 간 경쟁을 제한하고 시장을 규제하는 뉴딜 접근법이 자본주의 시장경제에도 필요했던 시대였다.

대서양 건너 유럽에서는 조금 다른 방식으로 접근했다. 제1차 세계대전이 끝난 후 경제적 불안 속에 이태리에서는 노동조합들의 파업이 급속하게 늘어나고 사회당의 의석도 함께 급증했다. 이태리 중산층에는 공산주의 혁명이 임박했다고 하는 불안감이 퍼지면서 노동조합들과 극우단체들의 집회와 시위가 심각한 무력충돌을 초래할 정도에 도달했고, 정부는 국왕 에마뉴엘 3세(Victor Emmanuel III)에게 계엄선포를 제안했다. 에마뉴엘 국왕은 계엄선포 제안을 거절하고 그 당시 파시스트 무솔리니(Benito Mussolini)를 수상으로 임명했다. 1922년에 무솔리니는 사회당과 연립정부를 구성하고 국영기업 민영화, 시장규제 완화, 상속세 폐지 등을 추진해서 시장경제 질서가 회복되고 국민총생산도 크게 증가했다. 그러나 무솔리니가 이끌고 있던 파시스트당이 무솔리니가 권력을 더욱 확고히 장악하자 파시즘에 관한 열정적인 연설을 하고 1926년부터 노동조합의 파업금지와 기업에 대한 보조금 지급 및 관세 부과 등 국내 기업의 보호를 위하여 적극적으로 시장에 개입하기 시작했다. 1929년에 미국에서 시작된 대공황으로 인하여 이태리에서도 기업파산과 실직자가 급증하는 위기를 맞이하여 무솔리니는 본격적으로 파시스트 경제체제를 만들었다. 은행을 국유화하고 대기업들의 카르텔을 적극 지원하며 생산량과 가격을 통제하면서 동시에 기업들로 하여금 국가적 또는 군사적 과제에 적극 협력하도록 한 것이다.

독일의 나치정부도 철학과 방식은 조금 다르지만 파시스트 경제체제를 선택했다. 1929년의 대공황으로 인하여 독일인들은 바이마르 공화국의 의회주의에 실망하고 좌우익 극단주의 이념이 급증했다. 1930년 총선에서 나치당은 18%가 넘는 득표를 해서 107석의 의석을 차지하게 되었다. 어떠한 정당도 독자적으로 내각을 구성할 수 없는 상황 속에서 1932년에 대통령선거에서 가까스로 연임에 성공한 힌덴부르그(Paul von Hindenburg) 대통령은 종전 수상들의 권고에 따라 나치당의 히틀러(Adolf Hitler)를 수상으로 임명했다. 히틀러는 대공황을 극복하기 위하여 우선 케인스 철학에 따라 공공투자를 늘렸다. 대규모로 예산을 투입하여 고속도로(Autobahn), 철도 등의 기간시설을 건설함으로써 고용을 창출했다. 또한 철강, 은행, 철도, 해상운송 등 다양한 분야의 다수의 국영기업들을 민영화했다. 민영화를 통하여 회수한 재원은 기간시설 공공투자 및 재군사화에 투입할 수 있었다.

시장질서에 관한 히틀러의 초기 수년간의 정책은 케인스철학에 따르되 시장경제의 장점을 활용하는 방향을 선택했다. 기본적으로 시장에서의 적자생존의 도구로서 사유재산을 보호하는 것이 필요하다고 생각했다. 히틀러는 자연계에 다윈의 진화론이 지배하는 것처럼 인간사회에서 개인들 사이의 치열한 생존경쟁에서 승리한 개인, 인종, 민족이 그 사회를 발전시킨다고 보고 사유재산은 그러한 생존경쟁을 촉진하는 도구로서 유지되어야 한다고 본 것이다. 또한 히틀러는 국가 간 무력투쟁으로 살아남은 국가가 인류의 역사를 만들어나가고 그러한 무력투쟁에서 영웅적인 지도자가 이끌어가는 국가가 승리할 수 있다고 보았다. 본인이 독일의 영웅적 지도자라고 생각한 히틀러는 점차 군수산업에 투자를 늘려갔고 1936년에는 독일 국민총생산의 10%를 넘는 군사비를 투입했다. 또한 나치 정부는 노동조합들을 불법화하고 파업을 금지하고 독일 기업들의 카르텔, 독과점을 오히려 권장했다.

히틀러는 막강한 군사력을 바탕으로 체코 등의 인접국에 거주하는 독일 민족의 보호를 주장하고 그들에게 생활공간(Lebensraum)

을 확보해준다는 명분으로 인접국에 대한 공격을 시작했다. 히틀러의 독일 민족을 위한 '생활공간'정책은 인접국을 정복하고 인접국의 원자재와 농산물을 저렴한 가격으로 착취하고 독일의 공산품을 판매하는 새로운 시장을 확보하는 역할을 했다. 또한 점령지에서 전쟁포로와 열등한 인종 또는 '바람직하지 않은(unzuverlaessige Elemente)' 사람들을 강제노동의 대상으로 활용했다. 독일의 화학 및 제약 대기업인 IG Farben 그리고 전함과 탱크 등의 무기를 생산하는 Krupp 등의 대기업들이 강제노동을 적극 활용했다. 나치 정부는 노숙자, 동성애자, 공산주의자, 반체제인사, 유대인을 모두 바람직하지 않는 사람들로 규정하고 강제노동 및 학살의 대상으로 삼았다.

가격경쟁 vs 혁신경쟁

미국에서는 뉴딜정책으로 유럽에서는 파시즘으로 인하여, 전쟁이 끝날 때까지 전세계의 경제질서는 경쟁보다 협력 내지 담합 그리고 자유무역보다는 보호주의에 의하여 지배되었다. 그러나, 1945년 종전 후에는 기업 간의 자유로운 경쟁이 소비자후생을 증가시키고 경제발전에 도움이 된다는 생각이 다시 자리잡기 시작했다. 미국은 독점 규제에 필요한 셔먼법과 클레이튼법을 적극적으로 다시 활용하기 시작했고, 미국의 법제도는 유럽과 일본에도 수출되었다. 유럽에서는 기업 간의 자유로운 경쟁질서가 파시즘에 대한 해독제로 필요했고, 일본에서는 군국주의와 전체주의에 앞장선 재벌의 해체가 필요했다.

유럽에서는 개별 국가 차원에서 자유로운 기업활동의 권리장전으로 경쟁법을 도입하기 시작했고, 1957년에는 유럽경제공동체(EEC: 오늘날의 유럽연합)가 로마조약을 체결하면서 그 조약의 내용 가운데 경쟁법 규정을 두었다. 유럽연합의 행정부에 해당하는 유럽집행위원회는 단일시장 내의 독점이나 카르텔을 규제하기 위하여 적극 개입해왔고, 특히 최근에는 미국의 빅테크 기업들의 독과점을 규제하는 데 명성을 날리고 있다.

일본에서는 전후 미국 주도의 연합군의 강력한 권고에 의하여 독점규제법이 1947년에 제정되었다.[2] 그 당시 미국의 트루먼(Harry Truman) 대통령은 연합군 최고사령관에게 전쟁 자금을 지원하고 군수산업을 독점해온 미쓰비시(三菱)를 비롯한 16개의 재벌을 해체하라는 지시를 내렸다. 그러나 일본 재벌의 해체가 일본 관료와 국민의 저항에 부딪히고 있다고 하는 맥아더 장군의 우려가 제기되었고, 종전 후 시작된 미소 간 냉전에 효율적으로 대응하는 데 재벌의 해체보다 일본의 재건이 더 필요해졌다. 미국 국무성과 법무부는 여전히 재벌해체로 일본의 민주화를 추진해야 한다는 입장을 분명히 하면서 일본에 특별사절단을 파견했다. 그러나, 소련 및 중국과의 군사적 대결을 책임지고 있는 맥아더 장군의 강력한 권고에 의하여 재벌해체 대신에 독점규제법의 제정으로 시장질서를 보다 경쟁적인 질서로 개선하는 정도로 마무리되었다.

미국은 독점규제법을 유럽과 일본에 수출했을 뿐만 아니라 미국 내에서도 독점규제법을 적극 활용했다. 미국 법무부 반독점국

---

2 '사적독점의 금지 및 공정거래의 확보에 관한 법률(私的独占の禁止及び公正取引の確保に関する法律)'

(Antitrust Division)과 연방거래위원회(FTC)는 시장의 경쟁질서를 제약하는 기업들 간의 합병이나 거래에 개입하는 경우가 많았고, 정부가 제기한 독점 규제 관련 소송에서 연방법원도 시장의 경쟁질서가 소비자들에게 저렴한 가격에 고품질의 상품을 제공해줄 수 있는 효율적인 시장질서에 해당한다는 점을 확인해주는 일련의 판결을 내렸다.[3] 제1차 세계대전 이전에 미국 정부가 기업 간 경쟁질서에 개입한 가장 획기적인 사건이 스탠다드 오일의 해체였다면 제2차 세계대전의 종전 후의 가장 획기적인 사건은 전화회사 AT&T의 해체였다.

AT&T는 전화기 발명에 대한 특허를 받은 알렉산더 벨(Alexander Bell)이 1877년에 설립한 벨 전화회사에서 시작했다. 몇 년 후 특허권이 만료되어 전화시장은 치열한 경쟁 속에 6천 개의 새로운 전화회사가 생겨났고 벨 전화회사는 심각한 재정적 위기를 겪게 된다. 그러나 1907년부터 AT&T는 하나의 시스템으로 미국 전역의 누구나 이용할 수 있는 '보편적 서비스(Universal Service)'를 제공한다는 경영방침을 세우고 소규모 전화회사를 인수하기 시작했다. AT&T는 자회를 통하여 전화기를 생산 및 판매할 뿐만아니라 미국 전역에 지상 유선 전화망을 설치하고 지역별 단거리 및 장거리 전화서비스를 제공하는 수직적 독점을 하게 되었다. AT&T는 고객들이 타사의 전화기를 구입하면 자신의 독점적인 전화망에 연결하는 것을 금지함으로써 자회사 전화기의 구입을 강요했다. 1949년에 법무부 반독점국은 소송을 제기해서 AT&T가 전화망시장의 85%로 서비스를 스스로 제한하고 자사 보유 특허기술을 무상으로 경쟁사

3 Northern Pacific R. Co. v. United States, 356 U.S. 1 (Supreme Court, 1958).

업자들에게 제공하는 데 합의하는 '동의의결(Consent Decree)'을 이끌어냈다. 또한, 연방통신위원회(FCC)의 요구에 따라서 타사가 제조한 단말기도 AT&T 전화망에 연결할 수 있도록 조치했다. 그러나, AT&T는 사실상 독점적 지위를 갖고 있는 자회사의 전화기는 상당히 비싼 요금에 판매하고 그로 인한 독점적 수익을 유선 전화망 사업의 보조금으로 사용함으로써 전화망 사업에서의 경쟁을 차단하는 편법을 활용했다. 1974년에 법무부 반독점국은 AT&T의 사업관행이 셔먼법 위반에 해당한다고 주장하면서 소송을 제기했고, AT&T는 패소를 예상하고 7개의 독립한 지역 전화회사로 해체분할하는 데 합의함으로써 소송을 마무리했다. 미국 정부의 적극적인 전화시장 개입으로 100년의 역사를 가지고 시장을 지배해오던 AT&T의 시대는 막을 내리게 되었다.

미국 정부는 독점규제법의 적용을 강화하면서 특허권을 보유한 기업들의 라이선스 거래도 적극적으로 규제하기 시작했다. 1970년대 초에 법무부 반독점국이 발표한 소위 '9개 금지 사항(nine No-No's)'에서 그 절정을 이룬다. 9개 금지 사항은 특허권자가 특허제품을 판매하면서 특허와 전혀 무관한 제품을 함께 끼워하는 '끼워팔기' 또는 특허제품을 판매하면서 유통업자로 하여금 일정한 재판매가격을 유지하도록 요구하는 '재판매가격유지' 등의 9가지 라이선스 조건을 뜻한다. 법무부는 '끼워팔기' 등의 9가지 라이선스 조건은 특허권을 남용하여 부당하게 경쟁을 제한하는 행위로 당연위법(per se rules)에 해당한다고 본 것이다. 라이선스는 특허권의 행사 방법의 하나로서 특허권자가 자유롭게 그 라이선스 계약의 조건을 정할 수 있도록 허용하는 것이 특허제도의 취지에 부합된다. 법무부가 9가지의 라이선스 조건이 당연히 독점규제법에 위반되는 경쟁제한이라고 보는 것이 정부의 지나친 시장개입이 아닌가 하는 반론을 불러일으킬 수 있다. 특히 특허제도가 기술혁신을 촉진하기 위한 법제도라는 점을 생각해보면, 미국 정부가 종전 후부터 기업간 경쟁을 너무 중시한 나머지 기술혁신을 위한 투자와 노력을 무시하는 정책적 오류를 범하는 것일 수도 있다.

1970년대 말 일본과 독일의 대기업들이 미국 시장을 점령하면서 미국 정부의 법정책과 경제학적 시각은 크게 바뀐다. 그 당시 독일의 자동차와 일본의 전자제품들이 미국 제품들을 물리치고 무섭게 시장점유율을 늘려나갔다. 미국의 소비자들은 좋은 제품을 소비할 수 있어서 행복하지만, 미국 정부는 자국 기업들의 경쟁력을 회복하기 위하여 기술혁신을 촉진할 필요성을 절감하게 되었다. 1920년대 대공황으로 시장이 붕괴되었을 때 정부의 시장개입이 필요하다고 본 케인스학파 경제학이 필요했던 것처럼, 1970년대 일본과 독일의 기업들에게 시장을 뺏기고 미국 기업들의 경쟁력을 회복해야 할 시점에서는 시카고학파 경제학이 보다 더 설득력을 갖게 되었다. 밀턴 프리드먼(Milton Friedman)으로 대표되는 신자유주의 시카고학파는 정부의 시장개입 및 규제에 반대하고 시장참여자들, 즉 기업과 소비자의 합리적 기대(rational expectations)에 맡겨두면 기술혁신의 경쟁이 회복된다고 본 것이다. 프리드먼 교수는 시카고 대학에서 퇴임한 후 레이건(Ronald Reagan) 미국 대통령과 대처(Margaret Thatcher) 영국 총리의 고문으로 자유시장 경제체제를 만드는 데 많은 기여를 했다.

레이건 대통령은 지식재산권을 강화하고 독점규제법의 적용을 최대한 자제하는 정책을 선택했다.[4] 1982년에 특허소송을 전담하는 법원으로 '연방특허법원(CAFC)'[5]을 신설했고, 연방특허법원은 특허권의 보호를 강화하는 취지의 법해석을 주도해오고 있다. 레이건 정부는 해외시장에서 미국 기업들의 특허권을 보호하기 위하여 우리나라와 같은 수출국들을 상대로 통상압력을 가하고 외국기업의 특허권 보호를 요구했다. 또한, 1988년에 개정된 특허법에 따라서 이제 미국의 특허권 보유기업들은 경쟁사업자에게 라이선스를 줄 것인지 거절할 것인지 자유롭게 결정할 수 있게 되었다.[6]

미국 법무부 반독점국은 독점규제법에 따른 시장개입을 자제하고 특허권자의 라이선스에 관한 '9개 금지 사항'도 폐기했다. 정부가 기업들의 독점규제법 위반을 조사한 건수도 대폭 줄어들었다. 1970년대에는 대기업의 경쟁제한 여부에 대한 조사건수가 매년 250여 건에 달했는데, 레이건 대통령이 임기를 마치는 1980년대 말에는 경쟁제한 조사건수가 100건 정도로 줄어들었고 그 이후 계속 감소한 결과 2010년대에는 매년 40건 정도의 수준으로 대폭 감소했다. 요컨대, 시카고학파 경제학과 미국 정부의 법정책은 정부가 기업 간의 경쟁질서에 직접 개입하는 대신에 기업들의 기술혁신을 촉진하고 기업들이 서로 기술혁신을 향한 경쟁을 하도록 유인하는 방향으로 바뀐 것이다.

시카고학파 경제학과 신자유주의 법정책의 배경에는 1970년대 말 HP, Apple, IBM 등에 의한 개인용 컴퓨터의 상용화 및 IT기술

---

4 Global Competition—The New Reality (The President's Commission on Industrial Competitiveness, 1985).

5 U.S. Court of Appeals for the Federal Circuit.

6 35 U.S.C. § 271(d).

의 발전이 자리잡고 있다. 컴퓨터 및 IT기술의 혁신으로 인하여 기업들은 거의 매년 새로운 제품을 시장에 내놓을 수 있게 되었고, 기존의 시장을 파괴하거나 새로운 시장을 만들 수 있게 되었다. 19세기 말에 만들어진 독점규제법은 동일한 제품시장에서 독점적 행태로 가격을 인상하고 폭리를 취하는 경쟁제한행위를 염두에 둔 것이었다. 그러나 20세기 말에는 기술혁신의 속도가 가속화되면서 시장의 변화도 빠른 속도로 이루어지게 되었다. 동일한 제품 그리고 동일한 시장을 전제로 가격이나 공급량의 왜곡으로 소비자후생이 감소되었는지 따져본다는 것이 점점 의미를 잃게 된 것이다. 19세기 말의 독점규제법으로 정부가 21세기의 시장에 개입하려고 하면 오히려 문제를 악화시킬 뿐이다. 단기적으로 독과점의 부작용을 차단하는 것이 더 중요한지 아니면 기술혁신으로 인한 동태적인 경쟁(dynamic competition)과 장기적인 소비자후생(consumer welfare)의 증가를 더 중시해야 하는지 심각하게 고민해야 할 때가 되었다. 시장독점으로 불완전경쟁이 생길때마다 정부가 개입하여 완전경쟁상태로 회복시켜야 하는가 (완전경쟁 상태를 만들 수 있는지는 의문이지만) 아니면 기술혁신으로 인한 동태적 경쟁의 긍정적 효과를 인정하고 시장의 보이지 않는 손에 맡길 것인가? 이에 관하여 전세계적으로 치열한 논쟁과 소송이 시작된 것은 20세기 말 마이크로소프트의 끼워팔기 사건에서부터였다.

운영체제(OS)시장의 독점

컴퓨터 운영체제(OS)시장을 독점하고 있는 마이크로소프트(MS)

가 웹브라우저 시장까지 장악하게 되면서 정부의 시장개입이 필요한지 문제되었다. 웹브라우저 시장은 1989년에 인터넷으로 데이터를 주고받을 수 있는 월드와이드웹(WorldWideWeb: WWW)이 탄생하면서 새롭게 만들어진 시장이다. 인터넷상의 프로토콜(HTTP)과 웹(WWW)을 제안하여 '웹'의 아버지라고 불리우는 영국의 과학자 버너스리(Tim Berners-Lee)경은 자신이 인터넷 이용자로서 다른 웹사이트의 데이터를 제공받기 위하여 필요한 웹브라우저까지 개발해서 사용하기 시작했다. 웹브라우저는 이용자가 특정 데이터를 요청하면 해당 데이터를 보관하고 있는 웹 서버에서 해당 데이터를 제공받아서 이용자 화면에 표시해주는 응용프로그램이다. 전세계적으로 무수히 많은 웹페이지가 만들어지면서 웹브라우저는 지구상 어디에 존재하는 데이터라도 편리하게 찾아볼 수 있는 긴요한 응용프로그램이 되었다. 1994년에 넷스케이프(Netscape)는 웹브라우저 네비게이터(Navigator)를 출시해서 순식간에 가장 인기 있는 브라우저가 되었다. 1995년에 MS는 자신의 웹브라우저 인터넷 익스플로러(Internet Explorer: IE)를 출시하여 브라우저 전쟁을 시작했다. 브라우저 전쟁은 불과 5년만에 MS의 승리로 끝났다. 2000년대 초반에 IE는 95% 이상의 시장 점유율을 차지하게 되었다.

브라우저 전쟁은 싱겁게 끝났지만 MS가 전쟁에서 사용한 무기가 법에서 금지한 불법적인 것이 아닌가 문제되었다. MS는 윈도우(Windows)를 판매해서 컴퓨터 운영체제(OS)시장을 사실상 독점하고 있었기 때문에, 윈도우와 웹브라우저 IE를 결합해서 비교적 쉽게 브라우저 전쟁을 승리로 이끌 수 있었다. MS가 결합판매 덕분에 넷스케이프와 같은 경쟁사업자들의 경쟁을 차단하고 브라우저 시장을 빼앗아갈 수 있었다면 정부가 개입하여 시장의 경쟁질서를 회복해야 한다는 요구가 나오는 것은 당연했다.

연방거래위원회(FTC)는 마이크로소프트가 PC 운영체제시장에서 독점적 지위를 남용한 것인지 조사를 시작했지만 위원들의 의견이 2대 2로 나뉘어서 소송제기 등의 조치를 취하지 못하고 조사를 종결했다. 법무부(DOJ) 반독점국도 조사를 시작하면서 MS는 결합(Bundle) 판매를 하지 않기로 합의했다. 그러나 MS는 웹브라우저 IE가 별도의 제품이 아니라 윈도우에 추가할 수 있는 기능에 불과한 것이라고 주장하면서 IE 결합판매를 계속했다. 1998년에 법무부 반독점국과 20개 주정부는 MS의 웹브라우저 IE 결합판매가 셔먼법 위반에 해당한다고 주장하면서 소송을 제기했다. MS가 운영체제시장에서의 독점적 지위를 이용하여 컴퓨터 제조업체들로 하여금 IE와 결합된 윈도우를 설치하도록 요구했고 컴퓨터 이용자들이 IE를 제거하기 어렵게 기술적 조치를 취함으로써 셔먼법이 금지하고 있는 불법적인 끼워팔기를 한 것이라는 것이 소송의 핵심이다. 미국 정부는 소송에서 MS가 결합판매를 강요함으로써 불법적으로 웹브라우저시장까지 독점을 하게 되었다고 주장하면서 그에 대한 해결책으로 회사 분할을 청구했다.

MS는 웹브라우저를 결합한 것이 운영체제의 기능을 향상시키기 위한 기술혁신의 결과라는 점을 강조했다. 운영체제 윈도우와 웹브라우저 IE는 서로 떼어낼 수 없는 하나의 통합된 단일 제품이고 소비자들에게 무료로 웹브라우저의 혜택을 주는 것이기 때문에 소비자들에게 이익이 된다고 주장했다. 그러나, 제1심 소송을 담당한 DC지역 연방지방법원의 잭슨(Thomas Jackson) 판사는 MS의 결합판매가 셔먼법에 위반되는 끼워팔기에 해당하고 웹브라우저시장의 불법적인 독점화에 해당한다고 판단한 후, 운영체제와 웹브라우저의 분할판매뿐만 아니라 회사 분할까지 함께 판시했다. 잭슨 판사의 결정에 따라 MS는 운영체제를 만들고 판매하는 부문과 웹브라우저 및 기타의 응용프로그램을 만들고 판매하는 부문으로 나눠서 회사를 분할해야 했다.[7] MS는 잭슨 판사의 판결에 불복하고 즉시 항소를 제기했다.

항소심에서도 미국 정부는 웹브라우저의 결합이 불법적인 끼워팔기에 해당한다는 점을 강조했다. 특히 인터넷 이용자들이 넷스케이프의 네비게이터와 같은 웹브라우저를 별개의 제품으로 보고 있다고 하는 이용자들의 인식에 비춰보면, MS가 운영체제시장에서의 독점적 지위를 갖고 있다는 이유만으로 전혀 별개의 제품에 해당하는 자신의 웹브라우저 IE를 끼워팔기하는 것은 명백히 셔먼법의 위반에 해당한다고 주장했다. 그러나, MS는 웹브라우저의 결합이 기술적으로 역동적인 소프트웨어 시장에서의 경쟁의 특징이라는 점을 강조했다. 다시 말해서 소프트웨어시장에서는 종전처럼 가격 및 점유율을 놓고 경쟁하는 것보다 기술혁신을 선도하는 혁신경쟁(innovation competition)이 더 중시되는 역동적인 경쟁이 이루어진다는 것이다. 따라서 MS는 웹브라우저의 결합이 종전에는 끼워팔기에 해당한다고 하더라도 그러한 결합으로 인하여 초래되는 경쟁제한의 부정적 효과보다 기술혁신으로 인하여 이용자들에게 주는 효율성이나 기능성의 긍정적 효과가 더 크다면 적법한 결합판매에 해당한다고 주장했다.

---

7 United States v. Microsoft Corat, 87 F. Supp 2d 30 (D.D.C. 2000).

MS 사건의 항소심을 맡은 연방항소법원은 MS의 주장을 받아들여서 연방지방법원과 다른 결론에 도달했다. 웹브라우저의 결합(Bundle)과 같은 소프트웨어 관련 사업 관행에 대하여 기존의 독점규제법을 그대로 적용하기는 어렵다고 본 것이다. 연방항소법원은 웹브라우저의 결합으로 인한 효율성 증대 효과가 발생할 수 있다고 보고, 끼워팔기로 인한 독점화의 부작용이 더 큰 것인지 아니면 기술적 효율성 증대의 긍정적 효과가 더 큰 것인지 다시 심리해야 한다고 판시하면서 제1심을 맡은 연방지방법원에 사건을 돌려보냈다.[8] 아날로그시대의 유형적 제품의 경우에는 독점적 지위를 가진 기업이 다른 제품을 끼워파는 것이 당연히 위법하다고 보는 '당연위법 원칙 (per se rule)'이 기존 독점규제법의 원칙으로 간주되었다. 앞에서 소개한 에디슨의 특허권 남용 사건에서 영화특허회사가 독점적 지위를 가지고 있는 영사기를 판매하면서 자사 허락을 받은 영화만 상영하도록 제한한 것은 영화라고 하는 별개의 제품을 끼워팔기한 당연위법이라고 판시된 바 있었다.[9] 그러나, 아날로그시대의 유형적 제품과 달리 디지털시대의 소프트웨어와 같은 무형적 제품의 경우에는 새로운 기능을 추가하거나 결합하는 것이 기술혁신의 핵심이라고 볼 수도 있다. 따라서, 항소심 법원은 소프트웨어의 결합판매를 당연위법으로 볼 것이 아니라 독점적 지위의 확장에 의한 부정적 효과가 더 큰 것인지 아니면 새로운 기능의 추가 내지 결합과 같은 기술혁신으로 인한 기능 향상 및 효율성 증대의 긍정적 효과가 더 큰 것인지 비교해서 '합리의 원칙(rule of reason)'에

---

8 United States v. Microsoft Corp., 253 F.3d 34, 48 (D.C. Cir. 2001).

9 United States v. Motion Picture Patents Co. , 225 F. 800 (E.D. Pa. 1915).

따라 다시 심리해보아야 한다고 판시한 것이다.

MS의 끼워팔기는 유럽에서도 문제되었다. 미국에서는 웹브라우저의 끼워팔기가 문제되었는데 유럽에서는 미디어플레이어 끼워팔기가 문제되었다. 유럽에서 MS의 독점규제법 위반이 문제된 것은 1998년에 썬 마이크로시스템즈(Sun Microsystems: "썬")가 신고하면서 시작되었다. 썬은 MS가 썬의 서버가 MS 윈도우와 연결하여 상호작동하는 데 필요한 인터페이스 정보와 기술 제공을 거부했다고 불만을 제기하면서 유럽집행위원회(European Commission)에 MS의 독점규제법 위반을 신고했다. 2000년에 유럽집행위원회는 썬의 신고내용뿐만 아니라 MS의 미디어플레이어(WMP) 끼워팔기의 위법성에 관하여도 동시에 조사를 시작하였다. 유럽집행위원회는 MS의 '서버운영체제 호환성과 관련된 정보의 공개거부'와 'WMP 끼워팔기'가 시장지배적 지위의 남용에 해당한다고 판단하고, 2003년에는 호환성에 필요한 인터페이스 정보의 공개 및 윈도우와 WMP의 분리를 주된 내용으로 한 임시조치를 취했고, 2004년에는 MS에 4억 9,700만 유로($794million)의 과징금을 부과하였다.[10] 그 과징금 액수는 유럽집행위원회가 부과한 과징금 가운데 가장 많은 것이었다. 호환성 관련 정보의 공개거부에 관하여, 유럽집행위원회는 MS가 운영체제시장에서 지배적 지위를 갖고 있는 예외적 상황에서 호환성 관련 정보의 공개거부와 라이선스 거절이 썬의 경쟁을 배제하고 혁신을 위축시킨다면 독점규제법 위반에 해당한다고 판단했다. WMP 끼워팔기에 관하여, 유럽집행위원회는 그 당시 '리

---

10 Commission Decision of 24.03.2004 relating to a proceeding under Article 82 of the EC Treaty (Case COMP/C-3/37.792 Microsoft).

얼네트웍스(RealNetworks)'가 제공하는 리얼플레이어(RealPlayer)가 많은 인기를 끌고 있는 경쟁제품으로 자리잡고 있었다는 점을 확인하면서, WMP도 윈도우와 별개의 제품에 해당한다고 판단했다. 또한, 유럽집행위원회는 MS가 운영체제에서의 시장지배적 지위를 가지고 WMP를 결합하여 판매하면 경쟁관계에 있는 리얼네트웍스와 같은 미디어 플레이어 업체들의 경쟁을 위축시키고 기술혁신의 인센티브를 감소시킨다고 판단했다. MS는 유럽집행위원회의 시정조치와 과징금처분에 불복하는 소송을 제기하면서 시정조치에 대한 집행정지의 가처분신청을 했지만, 유럽연합 1심법원(CFI : Court of First Instance)은 가처분신청을 기각했다.

MS는 유럽집행위원회의 시정조치를 충실히 이행하지 않았고, 유럽집행위원회는 시정조치 불이행을 이유로 2006년에 다시 2억 8,500만 유로(US$448.58million)의 과징금을 부과했고, 2008년에 다시 8억 9,900만 유로(US$1.44billion)의 과징금을 추가로 부과해서 또 하나의 신기록을 세웠다. 그러나 유럽집행위원회는 2009년이 되어서야 비로소 MS의 웹브라우저 결합판매에 관하여 조사하기 시작했다. 유럽집행위원회는 조사결과를 발표하면서 MS가 자신의 웹브라우저 IE를 윈도우 운영체제에 끼워파는 것은 웹브라우저 간의 경쟁을 해치고 제품 혁신을 저해하며 궁극적으로 소비자 선택권을 감소시킨다고 판단했다. MS는 유럽에서 판매하는 윈도우와 웹브라우저 IE를 번들로 제공하지 않겠다고 합의하고, 이용자들로 하여금 무작위 순서로 나열된 12개의 브라우저 가운데 하나를 선택할 수 있는 '투표함' 화면을 제공하기로 약속했다. 이용자들이 선택할 수 있는 12개 브라우저는 아방(Avant), 크롬(Chrome), 파이어폭스(FireFox), 플록(Flock), 그린 브라우저(GreenBrowser), 인터넷 익스플로러(IE), K-멜론(K-Meleon), 맥스톤(Maxthon), 오페라(Opera), 사파리(Safari), 슬립니르(Sleipnir), 슬림(Slim)이었다. 그러나 2년 후 MS 윈도우에서는 브라우저 투표함이 사라지고 1년 이상 MS의 약속은 지켜지지 않았다. 2013년에 유럽집행위원회는 약속 위반을 이유로 MS에 5억 6,100만 유로($731m)의 과징금을 부과했다.[11]

윈도우와 웹브라우저의 결합판매에 관한 미국과 유럽의 대응에는 대서양의 간격만큼 커다란 차이가 있다. 2001년에 미국의 연방항소법원은 MS의 웹브라우저 결합판매가 당연불법 끼워팔기에 해당한다고 단정할 수 없다고 판시했다. 컴퓨터와 인터넷으로 상징되는 디지털 기술의 등장한 이후, 미국은 동태적인 기술혁신이 미치는 긍정적 효과와 부정적 효과를 검토하면서 정부의 시장 개입에 대해서 아주 신중한 입장을 취하고 있다. 시카고학파의 경제이론에 의하면 MS의 브라우저 끼워팔기로 경쟁사 넷스케이프 브라우저가 퇴출되는 억울한 손해를 보게 되더라도 기술혁신이 촉진되고 장기적으로 소비자후생이 증가하면 적법한 경쟁으로 본다. 이와는 대조적으로 유럽집행위원회 및 유럽연합법원은 시장지배적 지위를 가진 MS의 웹브라우저 끼워팔기로 인하여 경쟁사업자들의 경쟁과 이용자들의 선택이 제약을 받았다고 보고 시정조치와 함께 기록적인 규모의 과징금을 부과했다. 미국에서는 2001년 판결 당시 자국기업 MS가 윈도우 운영체제시장에서뿐만 아니라 웹브라우저시장에서 95% 이상의 시장을 점유하고 있었기 때문에 시카고학파 경제학 이론에 따라 정부의 시장개입을 자제한 것이 옳다고 말할 수 있

---

11 https://ec.europa.eu/commission/presscorner/detail/en/ip_13_196.

다. 그러나 유럽에는 MS와 같이 기술혁신을 선도하는 기업이 없고 혁신경쟁보다는 군소 경쟁사업자들의 보호가 더 중요하다고 본 것이다. 이것이 윈도우와 웹브라우저 결합판매에 대하여 미국과 유럽이 대서양을 사이에 두고 정반대의 결론에 도달하게 된 배경을 설명해주고 있다.

일본과 우리나라에서는 웹브라우저 결합판매에 대하여 문제를 제기한 기업은 없었지만 다른 응용프로그램의 결합판매의 불법성이 문제되었다. 일본에서는 MS의 결합판매가 시작하기 전에 워드프로세서 프로그램으로 저스트시스템의 '이치타로(一太郞)'가 시장점유율 1위에 있었고, 스케쥴관리 프로그램으로 로터스의 '오거나이저'가 1위에 있었다. 따라서 일본의 컴퓨터제조업체들은 MS윈도우와 엑셀만을 대상으로 하는 계약체결을 요청했지만 MS는 엑셀뿐만 아니라 워드프로세서 MS워드 및 스케쥴관리용 아웃룩을 모두 컴퓨터 본체에 탑재하여 판매할 것을 강요했다. MS의 끼워팔기가 시작된 후 2년이 지나면서 MS워드와 아웃룩의 시장점유율이 급상승해서 이치타로와 오거나이저를 제치고 모두 1위에 올라서게 되었다. 일본의 공정거래위원회는 시장점유율이 뒤바뀐 후 1년이 지난 후 MS의 끼워팔기를 금지하는 취지의 심결을 했지만,[12] 일단 시장을 점령한 MS워드와 아웃룩의 시장점유율 1위는 현재까지 지속되고 있다.

우리나라에서는 메신저 서비스를 제공하고 있는 ㈜다음커뮤니케이션이 MS의 윈도우와 MSN메신저 또는 윈도우 메신저를 끼워

12 1998. 12. 14. 公取委勧告審決, 平成10年(勧)第21号.

팔기함으로써 메신저시장의 경쟁을 제한하고 있다는 취지로 공정거래위원회에 신고하였다. 공정거래위원회는 신고대상 메신저 끼워팔기 이외에 MS의 윈도우 서버 운영체제와 윈도우 미디어서비스(WMS)의 결합판매 및 윈도우 PC 운영체제와 윈도우 미디어플레이어(WMP)의 결합판매도 함께 조사하기 시작했다. 그 당시 MS는 컴퓨터 운영체제 및 서버 운영체제 시장에서 70%가 넘는 시장점유율을 갖고 있는 시장지배적 사업자였다. 2001년 다음커뮤니케이션의 신고로 조사를 시작한 공정거래위원회는 2006년에 MS의 WMS, WMP, 메신저 끼워팔기가 시장지배적 지위의 남용에 의한 경쟁제한이라고 판단하고 그에 대한 시정조치 및 약 324억 원의 과징금 부과처분을 내렸다.[13]

MS는 운영체제의 기능 향상을 위해서 미디어 및 메신저를 추가하기 위한 결합판매는 기술혁신이라는 점을 강조하면서, 운영체제의 저작권을 보유한 기업으로 라이선스 조건으로 미디어 및 메신저의 결합을 제시하는 것은 정당한 권리행사라고 주장했다. 그러나 공정거래위원회는 MS가 운영체제시장의 독점적 지위를 확보하고 있기 때문에 MS의 끼워팔기는 불법적인 시장지배적 지위의 남용에 해당한다고 판단했다. MS가 운영체제시장의 독점적 지배력을 지렛대로 활용하여 메신저와 미디어 등의 응용프로그램시장에서의 경쟁상 우위를 획득하기 위한 의도에서 끼워팔기를 한 것은 독점규제법 위반에 해당한다고 본 것이다. 또한, MS의 결합판매가 이용자들을 위한 기능통합행위라고 하는 주장도 받아들이지 않았다.

---

13 공정거래위원회 의결 제2006-042호 (사건번호 2002경촉0453, 2005경촉0375, 2006. 2. 24.)

예를 들어 핸드폰과 카메라의 경우 개별 소비자가 직접 결합하기 곤란한 경우에는 결합판매가 이용자들을 위한 기능통합으로서 정당화될 수 있다. 그러나, MS가 끼워팔기한 미디어 서버, 미디어 플레이어, 인스턴트 메신저는 이용자들이 얼마든지 자신이 원하는 제품을 어렵지 않게 설치하고 이용할 수 있다.

디지털시장에서의 경쟁

MS의 운영체제시장의 독점에서 비롯된 결합판매에 대하여 미국과 유럽이 보여준 커다란 견해 차이는 구글(Google) 플랫폼의 디지털시장의 독점에 대한 대응에서 계속 확대된다. 구글은 1998년 미국 스탠퍼드 대학교 컴퓨터과학 대학원에 재학 중이던 래리 페이지와 세르게이 브린이 시작한 단순하고 소박한 검색 사이트로 출발했다. 현재는 전 세계 검색서비스 시장의 90% 이상을 장악하면서 사람들의 삶을 바꿔 놓은 세계 최대의 플랫폼이 되었다. 구글은 시장을 독점했을 뿐만 아니라 20세기 말 인터넷이라고 하는 미개척지에서 인류가 이제까지 볼 수 없었던 새로운 세상을 열었다. 구글이 창립된 지 얼마 지나지 않아 발생한 9/11 테러로 인해서 구글의 플랫폼이 국가안보에 중요하다는 인정을 받았고, 코로나 위기에는 방역과 보건에 구글이 위력을 발휘했다. 1년 전 독일과 프랑스는 푸틴이 정말 우크라이나를 공격할 것이라고는 생각하지 못했지만, 구글의 검색엔진과 구글의 '교통 상황(Google Traffic)'은 러시아의 접경 지역 군사 이동을 파악하고 우크라이나 침공을 정확히 예측할 수 있었다.

구글은 검색 서비스를 무료로 제공하는 대신에 광고료를 주된 수익원으로 삼는다. 2004년 구글은 온라인쇼핑에서의 광고 매출을 늘리기 위해서 독자적인 가격 비교 쇼핑사이트(CSS, comparison shopping service) '프루글(Froogle)'을 시작했다. 그 당시 유럽에서는 가격 비교 쇼핑 사이트로 '켈쿠(Kelkoo)'가 가장 높은 시장점유율을 확보하고 있었다. '켈쿠'에 비해서 구글의 '프루글'은 결코 좋은 쇼핑 사이트라고 볼 수 없었다. 따라서 2005년 구글이 가격 비교 쇼핑 사이트의 검색 결과를 일반 검색 결과에도 나타나게 했을 때, 구글의 중립적인 검색 알고리즘은 자사 서비스 '프루글'의 검색 결과를 아주 낮은 후순위에 나타낼 수밖에 없었다. 2008년 구글은 쇼핑 서비스 전략을 대폭 수정한다. '프루글'을 '구글 쇼핑(Google Shopping)'으로 개편하고 자사 서비스 '구글 쇼핑' 검색 결과를 최상단의 박스로 올려놓았다. 문제는 구글이 자사 쇼핑 검색 결과를 최상단에 승진시켰을 뿐만 아니라 '켈쿠' 같이 경쟁 관계에 있는 가격 비교 쇼핑 사이트는 후순위로 강등하면서 첫째 페이지에서 빼버린 것이다. 통상적으로 검색 결과 최상단에 있는 사이트가 클릭의 약 35%를 차지하고 첫째 페이지에 위치한 사이트들이 클릭의 95%를 차지하기 때문에 그다음 페이지로 강등된 사이트들이 소비자의 방문을 받을 가능성은 1% 미만으로 대폭 줄어든다. 구글이 쇼핑 검색 결과의 순위를 의도적으로 바꾸면서 구글 쇼핑의 방문과 광고 매출은 대폭 늘어난 반면에 소비자들의 '켈쿠' 방문은 급속히 감소했다.

2009년 말 광고 기업들을 비롯한 경쟁사업자들은 구글의 자사 쇼핑 서비스를 최상단에 올려놓는 것은 불법적인 경쟁제한이라고 주장하면서 유럽집행위원회의 시정조치를 요구했다. 2015년 유럽집행위원회는 오랜 기간의 조사를 마무리하면서, 구글의 자사 서비스 '구글 쇼핑'을 우대하고 경쟁사의 쇼핑 사이트를 강등함으로써 쇼핑 사이트 방문(traffic)을 왜곡하고 소비자들의 선택을 방해했으며 기술혁신의 경쟁을 저해했다고 하는 예비 결론을 내렸다. 2017년 최종적으로 유럽집행위원회는 구글이 일반 검색 시장에서의 시장지배적 지위를 남용하여 자사 서비스를 우대함으로써 경쟁을 제한했다고 판단하고 시정조치와 약 3조 3,000억 원(24억 유로)의 과징금 부과를 결정했다.[14] 구글에 부과한 과징금은 구글 연간 매출의 2.5%를 조금 넘는 금액이고, 유럽이 이제까지 부과한 과징금 가운데 가장 많은 과징금이다. 구글은 곧바로 과징금을 납부하면서도 집행위원회의 결정에 불복하여 취소소송을 제기했다. 구글은 집행위원회 결정이 유럽의 경쟁업체들을 위해서 구글로 하여금 자사 서비스 품질 향상과 기술혁신을 희생시키는 것과 마찬가지라고 하면서 집행위원회의 판단에 오류가 있다고 항변했지만, 유럽연합 제1심법원은 구글의 취소소송을 기각했다. 유럽의 135개 기업과 30개 관련 협회는 유럽집행위원회의 시정조치에도 불구하고 구글이 새로운 방법으로 자사 서비스를 우대하고 있다고 주장하고 있다.

유럽집행위원회는 구글의 자사 서비스 우대에 이어서 안드로이드(Adroid) 휴대폰 운영체제 관련 사업 행태 또한 독점규제법의 위반에 해당한다고 보고 시정조치와 과징금부과조치를 취했다. '페어서치(FairSearch)'는 구글의 반경쟁적인 행태를 감시하는 감시 단체로 활동하고 있는데, 2013년 구글의 안드로이드 관련 사업 행태가 유럽의 독점규제법에 위반된다고 주장하면서 유럽집행위원회의 시

---

14 https://ec.europa.eu/commission/presscorner/detail/es/MEMO_17_1785.

정조치를 요구했다. 안드로이드 앱 마켓 서비스를 제공하면서 구글의 구글 플레이와 경쟁관계에 있는 '앱토이드(Aptoide)'도 페어서치에 이어서 구글의 반경쟁적 행태를 유럽집행위원회에 신고했다. 앱토이드에 이어서 러시아의 검색 사이트 '얀덱스(Yandex)'도 구글 안드로이드의 반경쟁적 행태를 신고했다.

구글의 휴대폰 운영체제 안드로이드는 애플의 운영체제 iOS보다 늦게 개발되었지만, 오픈소스 코드로 어느 휴대폰 제조업체나 자유롭게 이용할 수 있는 개방형 플랫폼이었기 때문에 80%가 넘는 시장점유율을 확보할 수 있게 되었다. 여기에서 문제된 것은 안드로이드의 압도적인 시장점유율을 배경으로 구글이 자신의 검색 서비스를 선탑재할 것을 강권한 것이었다. MS가 윈도우 운영체제 시장의 독점적 지위를 이용하여 웹브라우저(IE), 미디어 플레이어(WMP), 메신저 등을 끼워서 결합 탑재할 것을 강권한 것처럼, 구글은 안드로이드의 시장지배적 지위를 이용하여 구글 서치(Google Search), 웹브라우저 크롬(Chrome), 앱 마켓 구글 플레이(Google Play)와 같은 자사 앱을 선탑재할 것을 요구했다. 광고 수익은 검색 서비스를 이용하는 이용자 트래픽에 좌우되기 때문에, 구글은 애플에 구글 검색엔진을 디폴트 옵션으로 장착하는 대가로 매년 수십억 달러를 지급하고, 삼성처럼 안드로이드 OS를 사용하는 휴대폰 제조사들에게는 구글 검색엔진을 디폴트로 설치하도록 요구해 왔다. 2018년에 유럽집행위원회는 구글이 휴대폰 운영체제 시장의 독점적 지위를 이용하여 구글 서치와 웹브라우저 크롬을 결합한 것은 독점규제법 위반에 해당한다고 판단하고 구글에 대해 시정조치와

함께 약 6조 원(43억 유로)의 과징금을 부과했다.[15]

유럽연합은 기존의 독점규제법으로는 디지털 플랫폼의 규제가 불충분하다고 보고 2022년에 새로운 규제 수단으로 「디지털시장법(Digital Markets Act)」[16]을 제정했다. 디지털시장법의 제정은 구글과 같은 미국의 거대 플랫폼 기업들이 대서양을 건너 유럽대륙의 시장을 장악하는 데 대항하기 위한 대서양 전쟁의 완성판이라고 볼 수 있다. 유럽의 디지털시장법은 구글과 같은 게이트키퍼(gatekeeper)의 역할을 하는 거대 플랫폼 기업을 겨냥하여 제정된 유럽연합 규칙(Regulation)이다. 거대 플랫폼 기업의 자사 우대, 독점 판매 등의 금지행위 유형을 상세하게 열거해서 규정하고 이용자들의 의사에 반하여 개인정보의 결합 이용도 금지하고 있다. 규칙은 유럽연합의 단일시장에 적용되는 법률에 해당하기 때문에, 디지털 시장법은 유럽 시장에서 집행위원회와 같은 집행기관이 시장에 보다 적극적으로 개입할 수 있는 법적 근거가 된다.

유럽과 미국 시장의 차이

미국에서도 경쟁업체들이 구글의 자사 서비스 우대가 시장지배적 지위 남용으로 위법하다고 주장했지만, 미국의 공정거래를 담

---

15 https://ec.europa.eu/commission/presscorner/detail/en/IP_18_4581.

16 Regulation (EU) 2022/1925 of the European Parliament and of the Council of 14 September 2022 on contestable and fair markets in the digital sector and amending Directives (EU) 2019/1937 and (EU) 2020/1828 (Digital Markets Act). 디지털시장법은 거의 동시에 제정된 「디지털서비스법(Digital Services Act, Regulation (EU) 2022/1925)」과 함께 디지털 플랫폼 규제를 위한 쌍둥이법에 해당한다.

당하는 '연방거래위원회(FTC, Federal Trade Commission)'는 2013년에 법 위반의 혐의가 없다고 보고 사건을 종결 처리했다. 2년 후 일부 공개된 연방거래위원회 내부 보고서에 의하면, 구글의 임원들이 조사 기간 동안 긴밀한 협의를 하고 구글이 자발적으로 알고리즘을 일부 변경하기로 합의하면서 사건이 종결되었다. 미국 언론보도에 의하면 구글의 창립자 래리 페이지와 대표 에릭 슈미트를 포함한 임원들은 2009년부터 5년간에 걸쳐 연방거래위원회 및 백악관 담당자들과 230회가량의 회의를 했던 것으로 밝혀졌다. 우리나라에서 네이버와 청와대 담당자들이 주례회동에 버금가는 긴밀한 협력을 하면 정경유착 등의 비난이나 음모론이 나왔을 것이다. 미국의 연방거래위원회와 백악관은 유럽집행위원회의 조사 과정을 지켜보면서 구글 임원들로부터 상세한 자료와 의견을 받았다. 미국 정부는 구글이 기술혁신을 선도하는 자국 기업이고, '아마존'과 같은 전자상거래 플랫폼들과의 건전한 경쟁이 있으며, 소비자 편익의 증가를 더 중시해야 한다는 점을 고려해서 신중한 판단을 한 것이다.

그러나 미국에서도 구글의 자사 우대에 관한 경쟁업체들의 불만은 아주 많았다. 예컨대 '옐프(Yelp)'는 음식점과 같은 지역 업소 검색 및 리뷰 그리고 예약 서비스로 상당한 사이트 방문자를 확보하고 있었고, MS가 사내 벤처에서 플랫폼 기업으로 독립시킨 '익스피디아(Expedia)'는 항공 및 호텔 예약 서비스 사이트로 많은 소비자들의 인기를 끌고 있었다. 상당수의 플랫폼이 관련 시장에서 구글과 경쟁 관계에 있거나 경쟁 관계가 형성되고 있었다. 옐프의 성공을 보고 구글은 지역 업소 등의 주소, 전화번호, 지도, 리뷰 등을 별도의 박스 속에 제공하는 '원박스(OneBox)' 서비스를 시작했고, 익스피디아의 사업모델을 보고 항공 및 호텔 시장에 뛰어들기 위해서 '구글 항공(Google Flights)'과 '구글 호텔(Google Hotels)' 서비스를 시작했다. 옐프, 익스피디아 등의 경쟁업체들은 구글이 검색 시장의 지배적 지위를 남용해서 검색 결과 순위를 왜곡하고 자사 서비스를 우대하면서 경쟁을 제한하고 있다고 주장했다. 뿐만 아니라, 익스피디아는 구글이 데이터를 공개하지 않고 독점적 지위를 남용하고 있다고 비난했다. 특히 이용자들의 검색 키워드 데이터와 사이트 방문 시간 등 이용 행태에 관한 데이터는 구글에 의해서 독점되고 있는데, 구글이 데이터에 관한 독점적 지위를 남용해서 항공 및 호텔 예약 등의 관련 서비스 시장을 왜곡한 것이라고 주장했다. 경쟁업체들의 주장에도 불구하고 미국 연방거래위원회는 구글의 검색 및 광고 서비스가 기술혁신의 결과로써 소비자 편익을 증가시키고 있다고 긍정적으로 평가하고 사건을 종결했다. 미국 집행당국의 견해는 미국 시장이 유럽 시장과 다르다는 점을 반영한 것이다. 유럽시장에서는 구글의 기술혁신이나 소비자 편익 증대보다 '유럽' 기업들에 의한 경쟁이 더 중요한 시장질서에 해당되는 데 반하여, 미국시장에서는 경쟁관계에 있는 기업들의 보호보다 미국 기업 구글의 기술혁신과 소비자 편익 증대의 긍정적 효과가 더 크고 중요하다고 보기 때문이다.

대한민국의 시장

대한민국의 시장은 유럽 시장과 유사한가 아니면 미국 시장과 더 유사한가? 네이버쇼핑의 자사 우대는 유럽에서처럼 독점규제법 위반으로 볼 것인가 아니면 미국에서처럼 소비자 편익을 증가시키고 경쟁촉진적 효과가 있다고 볼 것인가? MS의 결합판매의 경우에는 우리나라에 자국 운영체제 기업이 없고 오직 응용프로그램을 공급하는 경쟁사업자가 있을 뿐이라는 점에서 유럽과 마찬가지의 시장구조로 되어 있고, 우리나라의 공정거래위원회는 유럽집행위원회와 마찬가지로 MS 결합판매를 독점규제법 위반으로 보고 시정조치와 과징금부과조치를 취했다. 네이버쇼핑의 자사 우대 사건의 경우에는 우리나라의 시장구조가 유럽보다는 미국의 시장구조에 더 유사하지만, 우리 공정거래위원회는 유럽집행위원회와 유사한 시장개입의 길을 선택했다.

2020년 우리나라 공정거래위원회는 네이버가 쇼핑 검색 결과에 있어서 자사 오픈마켓 서비스를 우선 노출시키고 11번가, G마켓, 옥션 등 경쟁 오픈마켓 서비스는 검색 노출 순위에서 밀려나도록 알고리즘을 바꿨다고 보고 시정명령과 함께 266억 원의 과징금을 부과했다.[17] 네이버는 다양한 쇼핑 사이트에서 판매하는 상품을 비교할 수 있는 '네이버쇼핑'과 함께 상품 판매자와 소비자를 직접 연결해 주는 오픈마켓 서비스 스마트스토어를 운영하고 있다.

자사 우대는 자사 상품의 품질과 가격을 강조하기 위해서 진열대의 좋은 자리에 배치하는 것처럼 다양한 산업에서 사용된 마케팅 방법으로 관련 시장에서 품질과 가격 경쟁을 촉진하는 효과도 갖고 있다. 플랫폼에서의 자사 우대를 그 자체로 당연위법이라고 볼 수는 없을 것이다. 플랫폼에서의 혁신 촉진과 소비자 편익 증가

17 공정거래위원회 의결 제2021-027호 (사건번호 2018서감252, 2020.8.19.).

를 중시할 것인가 아니면 경쟁의 공정성을 절대적 가치로 볼 것인가 신중하게 판단해야 할 문제이다.

네이버쇼핑의 검색 결과에 있어서 자사 서비스를 우선 노출한 것이 독점규제법 위반에 해당하는지의 문제는 이미 유럽과 미국에서 치열한 소송의 대상이 되었고 유럽과 미국에서의 판단은 서로 전혀 달랐다. 유럽에서는 미국의 플랫폼 기업 구글이 시장을 장악하고 있고 미국 기업들에 절대적으로 의존하고 있는 데 반해서, 미국에서는 구글과 아마존 등의 자국 기업들이 온라인 플랫폼을 주도하고 있다. 독점규제법 해석의 차이는 유럽과 미국의 시장 구조의 차이로부터 유래한 것으로 이해할 수 있다. 우리나라의 시장을 보면, 네이버가 검색 서비스 시장에서 점유율 70%가 넘는 1위 사업자다. 그러나 국내 전자상거래 시장을 보면 네이버 17%, SSG 15%, 쿠팡 13%, 11번가 6%의 시장점유율로 치열한 경쟁이 이뤄지고 있다. 미국의 구글이 검색 서비스 시장에서 90%에 가까운 점유율을 확보하고 있고 전자상거래 시장에서는 아마존이 40%가 넘는 점유율을 갖고 있다. 아마존은 약탈적인 저가 정책으로 경쟁업체를 시장에서 몰아내는 반경쟁적 행위를 한다고 비난받고, 워싱턴 D.C.와 캘리포니아주 법무부장관은 아마존을 상대로 소송을 제기했지만, 아마존은 기술혁신과 저가정책으로 소비자들이 혜택을 입고 경쟁이 촉진되었다고 항변했고 법원은 아마존의 손을 들어주었다.[18] 우리나라에서 네이버가 검색시장을 독점하고 있고 쿠팡 등이 온라인 쇼핑에서 치열하게 경쟁하고 있다는 점에서 우리나라 시장은 구글

18 https://www.theverge.com/2022/3/19/22986307/dc-attorney-general-antitrust-lawsuit-amazon-tossed-out-court.

의 검색시장 독점과 아마존의 전자상거래 혁신이 존재하는 미국 시장과 유사한 반면에 유럽 시장과는 상당히 다른 모습을 보이고 있다.

시장구조에 있어서 우리나라가 미국과 유사하다면 미국에서처럼 네이버의 혁신촉진과 소비자후생 증가를 더 중시하고 공정거래위원회의 시장개입을 자제하는 것이 올바른 선택일 것이다. 시장구조는 유럽과 다르지만 우리 공정거래위원회가 유럽에서처럼 경쟁의 공정성을 지나치게 중시하는 것은 경쟁사업자들을 보호할 수는 있어도 소비자들의 희생을 초래할 수 있다. 장기적으로 소비자후생이 희생되는 것은 눈에 보이지 않는 데 반하여 SSG, 쿠팡, 11번가와 같은 경쟁사업자들의 불만은 정부에 부담스러웠을지 모른다. 우리 공정거래위원회는 때로는 여론을 의식해서 때로는 정치인들의 포퓰리즘에 영향받아서 시장개입의 기회를 확대하려는 경향을 보이고 있다. 우리 국회는 시장의 현실을 도외시한 채 유럽연합의 디지털시장법의 제정을 본보기삼아서 입법실적으로 만들려고 하는지도 모른다. 그러나 우리 공정거래위원회의 결정이나 국회 입법이 우리나라 플랫폼 기업의 발전과 기술혁신에 찬물을 끼얹고 성장엔진을 꺼버리는 우를 범하는 것이 아닌지 우려된다.

브랜다이스학파의 부활

미국은 시장구조에 있어서 유럽과 다르지만 구글이나 아마존 같은 거대 플랫폼 기업들에 대한 비판 여론이 있다는 점에서는 유럽과 다를 바 없다. 특히 거대 플랫폼 기업들이 인공지능을 활용하면서 프라이버시 침해, 가짜뉴스 확산, 시장 왜곡, 고용에 미치는 악영향 등으로 인한 역풍이 더욱 거세졌다. 거대 플랫폼 기업들에 대한 비판은 진보적이고 반독점 성향의 브랜다이스학파를 다시 불러들였다. 브랜다이스(Louis Brandeis)는 20세기 초 연방대법원의 대법관으로 대기업들의 시장독점을 '거대함의 저주(The Curse of Bigness)'라고 부르고 본질적으로 시장독점이 노동자의 복지와 비즈니스 혁신에 해롭다고 주장했다. 21세기 초 브랜다이스의 주장을 이어받은 학자들은 미국에서의 시장독점, 소득 불평등, 소비자 권리, 실업에 대한 해결책으로 독점규제법이 적극 활용되어야 한다고 주장한다.

2016년 미국 대통령 선거에서 페이스북과 유투브를 비롯한 소셜미디어 플랫폼들이 러시아의 선거개입 도구로 악용된 것이 밝혀지면서 거대 플랫폼 기업들에 대한 비난이 더욱 거세졌다. 구글, 아마존, 페이스북, 트위터 등의 빅테크(Big Tech) 기업들에 대한 역풍(Backlash)이라고 하는 '테크래시(Techlash)'가 본격적으로 시작된 순간이었다. 순식간에 미국 실리콘밸리의 빅테크 기업들은 미국 시장의 '영웅'에서 '왕따'로 바뀌기 시작했다. 미국 연방의회는 이들 기업대표들을 불러서 각종 비난을 퍼붓고 책임을 추궁했다. 2021년에 취임한 바이든(Joe Biden) 대통령은 구글 저격수로 유명한 캔터(Jonathan Kanter) 변호사를 법무부 반독점국 국장으로, 그리고 '아마존 킬러'로 불리는 칸(Lina Khan) 콜럼비아대 법대 교수를 연방거래위원회(FTC) 위원장으로 임명했다. 바이든 정부는 구글과 같은 거대기업들의 시장독점으로 경쟁이 감소하고 더 많은 수익이 더 적은 소수의 기업에게 집중되고 있다고 보고 독점규제법을 적극 활용하기 시작했다.

신 브랜다이스학파의 영향을 보여준 대표적 사례가 구글의 휴대폰 운영체제 안드로이드(Android) 관련 경쟁제한행위에 관한 소송이다. 법무부 독점규제국은 구글이 안드로이드 플랫폼을 이용하여 검색 및 광고 시장의 경쟁을 방해하는 것은 셔먼법 위반에 해당한다고 보고 소송을 제기했다. 구글은 독점규제국의 캔터 국장이 과거에 변호사로서 구글의 경쟁사를 대리하고 구글에 대한 편견을 보여주는 과거의 발언을 근거로 구글 소송에서 배제되어야 한다고 주장했다. 법무부는 구글의 주장이 근거없는 괴롭힘에 불과하다고 보고 캔터 국장의 계속적인 업무지휘를 허용했다. 독점규제국 주장의 핵심은 구글이 애플에 매년 10~15조 원(80~120억 달러)의 대가를 지급하면서 아이폰 등의 애플 휴대폰의 디폴트 옵션으로 구글 검색엔진을 장착했다는 것이다. 모바일 시대에는 휴대폰 이용자들의 인터넷 트래픽을 끌어모은다는 것이 가장 중요한 전략이 되는데, 구글 검색엔진을 디폴트 옵션으로 제공하는 것은 휴대폰 이용자들의 검색을 독점하는 것과 마찬가지라는 것이다. 실제로 구글의 검색엔진이 휴대폰에 디폴트 옵션으로 선탑재됨으로써 구글의 휴대폰 검색에서 94.9%의 점유율을 확보하게 되었고 검색 광고 시장의 70%를 장악할 수 있었다. 구글은 휴대폰 검색의 독점으로 MS 빙(Bing)과 덕덕고(DuckDuckGo)와 같은 경쟁 검색엔진의 경쟁력을 떨어뜨리고 사용자에게 매력적일 수 있는 혁신에 투자할 인센티브와 능력을 억압한 셈이다. 특히 OpenAI는 SearchGPT와 같은 인공지능 기반 검색 서비스를 개발했고 MS의 검색엔진 Bing도 검색에 AI를 통합하고 있어서 휴대폰에서의 검색 엔진의 기술혁신의 경쟁이 허용될 필요가 급증하고 있다. 구글은 이제까지 휴대폰에서의 검색 독점과 광고 수익 증가 사이에 순환고리를 형성해서 궁극적으로 디지털 광고 가격을 인상할 수 있었다. 검색 시장의 경쟁제한과 검색 광고 시장의 독점으로 인해서 광고주들은 종전보다 부당하게 많은 광고료를 구글에 지급해야 하고 과다한 광고 비용은 소비자들에게 전가된다.

2024년 구글 소송을 담당한 메타(Amit Mehta) 판사는 구글의 사업관행이 검색 및 광고에 대한 불법적인 독점에 해당한다고 판단하고 독점규제국으로 하여금 구글에 대한 제재방안을 제안하도록 했다.[19] 독점규제국은 구글이 자사 검색엔진을 휴대폰의 디폴트로 선탑재 강권하는 것을 금지하고, 구글의 회사분할을 위하여 구글의 크롬 웹브라우저 부분을 타사에 매각하는 제재방안을 제안했다. 메타 판사는 구글의 제재방안에 대한 재판은 2025년 4월에 그리고 그에 대한 판결은 2025년 8월에 선고하는 일정을 확정했다.

독점규제국은 구글의 안드로이드 관련 독점에 대한 소송에 이어서 구글의 디지털 광고 독점에 대한 소송도 제기했다. 광고로 수익을 창출하고자 하는 웹사이트 보유기업들은 구글을 통해 광고를 판매하고 광고주는 구글을 통해 잠재 고객에게 도달할 수 있는 웹사이트 광고 공간을 구매하고 있고, 구글은 양쪽에서 광고비의 상당 부분을 가져간다. 구글의 지난해 광고 총수입은 약 384조 원(2645억 달러)에 달한다.[20] 독점규제국은 구글이 DoubleClick, Invite

---

19 https://www.nytimes.com/2024/08/05/technology/google-antitrust-ruling.html.

20 https://www.statista.com/statistics/266249/advertising-revenue-of-google/.

Media, AdMeld를 인수합병하는 방식으로 다양한 광고기술 포트폴리오를 확보하여 디지털 광고 시장을 독점하고 고객들에게 더 높은 광고 가격을 책정해서 자사의 광고 수익을 극대화했다고 주장한다. 법무부는 구글의 독점규제법 위반에 대한 제재조치로 구글의 회사분할 및 광고 기술 일부 매각을 청구했다.

연방정부의 소송과 별도로 주정부의 법무장관들도 구글의 광고 시장에서의 독점규제법 위반에 관한 소송을 제기했다. 주정부 차원의 소송에서 핵심이 되는 주장은 구글이 페이스북과 담합해서 광고 거래의 경쟁을 제한하고 광고주들로 하여금 부당하게 고가의 광고비를 요구한다는 것이다. 2021년 7월에는 36개 주정부의 법무장관들은 구글이 구글 플레이 앱스토어에서 앱 개발자들에게 30%의 수수료를 부과하고 구글 플레이 이외의 외부 앱스토어에서 앱을 배포하는 것을 저지하거나 방해하는 것은 독점규제법 위반에 해당한다고 주장하면서 소송을 제기했다. 구글은 안드로이드가 모든 업체에게 더 많은 기회를 제공해 준 것이고 결코 기회를 제약하거나 경쟁을 제한한 바 없다고 항변했다.

바이든 정부는 기본적으로 미국 시장이 공정한 경쟁이 아니라 소수 인맥으로 기회와 혜택이 제한되는 정실 자본주의로 전락하고 부의 집중으로 민주주의 자체가 위협을 받고 있다고 보았다. 바이든 정부는 전반부 2년간 미국 연방의회 하원의 다수의석을 확보하고 있었기 때문에 디지털시장의 독점을 규제하기 위한 특별법(안)을 발의했다. 하원이 채택한 다수의 특별법안들 가운데 '플랫폼 경쟁 및 기회법(Platform Competition and Opportunity Act)'은 어떠한 경우에 시장지배적인 지위를 가진 플랫폼 기업이 타기업을 인수하는 것이 불법인지에 관한 상세한 규정을 두고 있다.[21] 그러나 2022년 중간선거에서 바이든 대통령이 소속한 민주당이 패배하고 플랫폼규제에 관한 반론에 부딪혀 상원을 통과하지는 못하고 폐기되었다. 플랫폼 기업의 시장독점으로 인한 폐해를 해결해야 하겠지만 새로운 규제가 기술혁신과 투자를 위축시키면 곤란하다고 하는 신중론이 여전히 미국을 지배하고 있는 것으로 볼 수 있다.

국가안보와 경쟁질서[22]

시장의 경쟁질서는 시대마다 사회마다 다른 법정책과 경제학사조에 따라서 상당한 변화를 해왔다. 정부의 시장개입을 정당화하는 독점규제법의 활용 정도 또한 상당한 변화를 볼 수 있었다. 독점규제 이외에도 정부의 시장규제는 소비자 보호, 노동자 보호, 환경보호 등을 위한 다양한 법제도에 의하여 이루어지고 있다. 최근에 미국의 틱톡(Tiktok)의 사례를 보면 국가안보가 시장규제의 근거로 점점 더 빈번히 활용되고 있는 현상을 볼 수 있다.

---

21 This refers to five bills drafted by the House of Representatives Antitrust Subcommittee https://www.congress.gov/member/david-cicilline/C001084?q=%7B%22sponsorship%22%3A%22cosponsored%22%7D&pageSize=100&page=2〉 accessed 14 May 2022. See also House Lawmakers Release Anti-Monopoly Agenda for 'A Stronger Online Economy: Opportunity, Innovation, Choice', 11 June 2021 〈https://cicilline.house.gov/press-release/house-lawmakers-release-anti-monopoly-agenda-stronger-online-economy-opportunity〉 accessed 14 May 2022.

22 Charles Duan, *OF MONOPOLIES AND MONOCULTURES: THE INTERSECTION OF PATENTS AND NATIONAL SECURITY, 36 Santa Clara High Tech. L.J. 369 (2020).*

국가안보를 근거로 한 시장규제는 오래 전부터 존재해왔다. 중국은 세계무역기구(WTO)에 가입하면서 국제적인 차원의 자유무역으로 엄청난 성장을 기록해왔지만, 20세기 말 급성장한 디지털시장에서는 국가안보를 이유로 서양의 플랫폼들을 철저히 차단하고 있다. 중국은 자국의 인터넷 기업들로 하여금 본인실명제를 실시하도록 요구할 뿐만 아니라 사회안정을 해하거나 공산당의 권위에 도전하는 일체의 콘텐츠를 검열하고 차단할 것을 요구해왔다. 덩샤오핑은 시장개방을 추진하면서 “창문을 열면 맑은 공기도 들어오지만 파리들도 들어올 것을 예상해야 한다”고 경고했다. 인터넷검열을 인터넷상의 파리들을 때려 잡기 위한 조치였다. 그러나 서양의 플랫폼 가운데 파리들이 너무 많고 인터넷검열만으로 충분히 규제하기 어려운 경우에는 플랫폼의 접근 자체를 차단했다. 예컨대, 구글(Google), 유튜브(YouTube), 페이스북(Facebook) 등의 플랫폼들은 중국에서 접속할 수 없다. 불온콘텐츠의 삭제와 플랫폼 차단과 같은 인터넷검열은 중국의 디지털시장을 외침으로부터 막아주는 만리방화벽(防火长城)이라고 불리기도 한다. 과거에 흉노족의 외침을 막기 위해 건설한 만리장성이 21세기 중국의 디지털시장에 다시 나타난 것이다. 만리방화벽 덕분에 불과 20여 년만에 바이두(百度), 위챗(WeChat), 웨이보(微博)와 같은 중국 토종 플랫폼들이 미국 플랫폼만큼 급성장할 수 있었다.

중국의 급성장에 위기의식을 느낀 미국도 국가안보를 이유로 중국 플랫폼의 접근을 차단하기 시작했다. 2020년 트럼프 대통령은 곧 다가올 대통령선거를 염두에 두고 틱톡의 차단을 명하는 행정명령을 내린다. 중국 국가정보법에 따라 틱톡의 모회사 바이트댄스(ByteDance)는 중국기업으로서 중국 정보기관의 요청에 따라 틱톡이 수집한 모든 정보를 중국 당국에 제공해야 하고 중국 당국이 미국인에 관한 정보를 파악해서 대미 전략에 활용한다는 것은 미국의 안보에 심각한 위협이 된다고 본 것이다. 미국 국방부는 이미 안보위협을 이유로 정부보유 단말기에서 군인들의 틱톡 접근을 차단하는 조치를 취했었는데, 행정명령은 틱톡에 대한 접근차단의 범위를 전면적으로 확대한 것이다.

행정명령으로 사기업의 서비스를 차단할 수 있는지에 관하여 법적 분쟁의 소지가 충분히 있었다. 미국 연방의회에서 틱톡의 차단 여부에 관하여 상당기간 논의를 거친후 2024년에 하원 및 상원의 초당파적인 지지 속에 '적대국 앱 금지법'을 제정했다.[23] 초당적 지지 속에 통과되고 바이든 대통령이 서명한 적대국 앱 금지법에 의하면 적대국이 통제하는 앱으로 판단된 인터넷 웹사이트 또는 휴대폰 앱은 금지된다. 다만, 적대국 앱이 매각되어 더 이상 미국의 적대국이 통제하는 앱에 해당하지 않는 경우에는 금지대상에서 제외된다. 틱톡과 바이트댄스는 적대국 앱 금지법이 미국 연방헌법상 보장된 언론의 자유 및 적법절차를 보호하고 있는 미국 연방헌법에 위반되는 것으로 무효라고 주장하면서 소송을 제기했지만, 연방지방법원에 이어서 미국 연방대법원은 적대국 앱 금지법이 헌법에 합치된다고 최종적인 판단을 내렸다.[24] 적대국 앱 금지법의 규정에 따라서 틱톡은 바이든 대통령의 임기만료 하루 전에 미국 전역에서 접근이 차단되었다. 그러나 그 다음 날 취임한 트럼프 대통령은 적

---

23 Protecting Americans from Foreign Adversary Controlled Applications Act.

24 Tiktok Inc. v. Merrick B. Garland, 604 U.S. ___ (Supreme Court, 2025).

대국 앱 금지법에 규정된 대통령의 연장허가 권한을 활용하여 90일간 틱톡의 차단을 보류했다. 미국에 틱톡 이용자들이 1억 7,000만 명에 달한다는 점 그리고 틱톡의 매각에 상당한 협상과 시간이 필요하다는 점을 고려한 보류조치인 것이다. 틱톡이 90일 이내에 매각 상대방을 찾고 합의가능한 매각 조건을 찾아내지 못한다면 틱톡은 미국에서 영원히 차단될 운명에 처했다. 틱톡이 차단되면 유사한 서비스를 제공하는 인스타그램(Instagram Reels), 유튜브(YouTube Shorts), 스냅챗(Snapchat Spotlight)은 틱톡의 이용자들을 빼앗아올 수 있을 것이다. 정부가 국가안보를 이유로 시장의 경쟁질서를 순식간에 바꿀 수 있게 된 것이다.

중국의 급성장으로 인하여 보다 직접적으로 국가안보에 위협을 초래할 수 있는 기술은 반도체 기술이다. 반도체는 휴대폰과 인공지능뿐만 아니라 첨단무기와 전투기에도 가장 중요한 기술이기 때문이다. 반도체의 공급이 중단되면 경제적으로 뿐만 아니라 군사적으로도 심각한 위기에 직면할 수 있다. 따라서 반도체 기술이 국가안보에 중요하다는 점은 반도체의 탄생 시부터 명백한 사실이었다. 반도체는 1958년에 미국의 TI(Texas Instruments)와 페이차일드(Fairchild Semiconductor)가 다수의 트랜지스터를 집적하여 반도체칩으로 개발하면서 시장에 등장했고 미국 기업들이 반도체시장을 지배하고 있었다. 그러나 1980년대 중반에는 NEC, 도시바, 히타치 등의 일본기업들이 전 세계 DRAM 시장의 80%를 차지한 반면, 미국 기업들의 시장점유율은 크게 감소했다. 미국은 1986년에 일본과 미일 반도체 협정을 체결하여 일본이 미국에 수출하는 반도체의 수량과 가격을 규제하고 일본이 일정 수량의 외국 반도체를 수입하도록 요구했다. 미국과 일본의 정부개입으로 반도체시장에서 미국 기업들의 점유율은 일부 회복했지만 반도체 가격 상승을 초래했다.

2020년부터 코로나바이러스 감염병으로 재택근무와 전자상거래가 증가하면서 전세계적으로 반도체 공급이 수요를 따라가지 못하고 컴퓨터뿐만 아니라 자동차를 비롯한 많은 분야의 시장에서도 치명적인 공급 부족과 가격 인상을 초래했다. 미국은 반도체 공급망 위기를 극복할 뿐만 아니라 중국의 반도체 굴기에 대응해야 할 필요성도 절실해졌다. 미국 연방의회는 2022년에 약 400조 원($280billion)의 재정지원으로 미국 내 반도체 연구 및 제조를 촉진하기 위한 반도체지원법(CHIPS and Science Act)을 제정했다. 반도체지원법은 반도체 제조업을 다시 미국으로 되돌아오도록 하기 위하여 연방정부가 보조금을 지급하고 수출입을 규제하는 것이다. 반도체지원법은 미국 반도체시장의 경쟁질서를 바꿀 뿐만 아니라 자유무역을 원칙으로 하는 기존의 국제질서에도 상당한 도전이 될 것이다. 인텔이나 퀄컴과 같은 미국 기업들 뿐만 아니라 삼성과 SK하이닉스와 같은 우리나라 기업들의 시장점유율도 커다란 영향을 받을 것으로 예상된다.

국가안보와 표준기술

삼성전자는 휴대폰과 반도체를 모두 생산하지만 갤럭시폰의 70-80% 정도는 퀄컴의 스냅드래곤 프로세서를 사용하고 있다. 삼성은 자체 개발한 프로세서 엑시노스(Exynos)를 일부 제품에 사용하기도 했지만 퀄컴의 스냅드래곤에 비해 성능 및 기술 경쟁력이 다소 부족한 실정이다. 퀄컴의 스냅드래곤 칩셋은 휴대폰의 중앙처리장치(CPU)와 그래픽처리장치(GPU), LTE 및 5G 등의 이동통신 모뎀을 단일 반도체칩에 집적해놓았고 전력 효율이 높은 것으로 평가되어 시장수요가 많다. 퀄컴은 반도체칩을 판매할 뿐만 아니라 이동통신 관련 특허기술을 라이런스해주고 있어서 반도체 판매수익뿐만 아니라 라이선스 로열티 수익을 모두 합하면 연간 57조 원($40billion) 안팎의 수익을 올리고 있다.[25] 여기에서 문제되는 것은 퀄컴이 반도체 판매 및 기술 라이선스 계약을 체결함에 있어서 경쟁사업자를 배제하기 위한 다양한 조건을 부과하는 것이 자유로운 경쟁으로 허용되어야 하는 것인지 아니면 독점규제법에 위반되는 것인지 그리고 독점규제법에 위반되더라도 국가안보의 차원에서 예외가 인정될 수 있는지의 문제이다. 퀄컴의 사업이 불법적인 경쟁제한에 해당하는지에 대하여는 우리나라를 비롯한 다수의 국가에서 치열하게 다투어졌고 경쟁제한행위도 국가안보의 차원에서 예외적으로 허용될 수 있는지에 대하여는 미국에서 심각하게 논의되었다.

퀄컴은 이동통신기술에 관한 압도적 다수의 특허권을 보유하고 자신의 특허기술로 휴대폰용 모뎀칩셋을 만들어서 판매해왔다. 다만, 퀄컴이 (1) 경쟁 칩셋 제조사에게 라이선스를 거절하거나 제한함으로써 모뎀칩셋시장에서의 독점적 지위를 강화했고, (2) 모뎀칩셋시장에서의 독점적 지위를 토대로 자신의 칩셋을 구입하지 않으면 휴대폰 제조사에게 라이선스도 거절함으로써 칩셋 판매와 라이

25 https://www.statista.com/statistics/737780/revenue-of-qualcomm/.

선스를 결합했고, (3) 휴대폰 제조사에 대한 라이선스 조건에 있어서도 자신의 특허 전체를 포괄적으로 라이선스하면서 부당한 대가산정조건을 강요하고, 동시에 휴대폰 제조사가 보유한 특허기술을 무상으로 퀄컴에게 교차라이선스할 것을 강요했다는 점으로 인하여 다수의 분쟁이 제기되었다. 퀄컴의 판매 및 라이선스 조건은 삼성과 같은 반도체칩 제조업체의 경쟁을 배제하고 동시에 삼성, LG 등의 휴대폰 제조업체들로 하여금 과도한 로열티의 지급을 강요하여 휴대폰의 시장가격을 인상시키는 악영향을 초래할 수 있기 때문에 다수 국가에서 독점규제법 위반 여부가 문제되었다.

퀄컴은 자신이 보유한 이동통신기술이 ETSI 등의 국제표준화기구에 의해서 표준기술로 채택되도록 주도면밀한 노력을 했고, 표준기술로 채택되는 조건으로 FRAND 확약을 선언했다. 퀄컴이 선언한 FRAND 확약은 '공정하고 합리적이며 비차별적인 (fair, reasonable and non-discriminatory: FRAND)' 조건으로 라이선스를 제공하겠다고 하는 약속이다. 퀄컴이 보유한 표준기술은 모뎀칩셋이나 휴대폰을 제조 및 판매하는 데 필수적인 요소일 뿐만 아니라 스스로 FRAND확약을 했음에도 불구하고 경쟁 칩셋 제조사에게 라이선스를 거절하고 휴대폰 제조사에게는 포괄적 라이선스 조건으로 자신의 칩셋구입을 사실상 강제한 것이 독점규제법에 위반되는 시장왜곡행위에 해당하는지 문제되었다.

2017년에 우리나라 공정거래위원회는 퀄컴이 CDMA, WCDMA 및 LTE 관련 이동통신기술에 관한 다수의 표준필수특허권을 보유하고 있어서 관련 기술의 라이선스 시장과 모뎀칩셋시장 모두에서 시장지배적 사업자에 해당한다고 판단했다. 더 나아가 공정거래위원회는 퀄컴의 관련 라이선스 및 판매조건이 시장지배적 지위의 남용에 의한 불법적인 경쟁제한에 해당한다고 보고 그에 대한 시정명령과 약 1조 3천억 원에 달하는 과징금 납부명령을 내렸다.[26] ⑴ 퀄컴의 표준기술특허는 칩셋 제조에 필수적인 요소이고 FRAND 확약을 했음에도 불구하고 퀄컴이 칩셋 제조사에 대한 라이선스를 거절하거나 제한한 행위는 경쟁사업자의 사업활동을 어렵게 하는 불법행위에 해당하고, ⑵ 휴대폰 제조사에 대해 칩셋 판매 조건으로 특허 라이선스 계약의 체결을 강제한 행위는 시장지배적 지위를 남용하여 거래상대방에게 불이익이 되는 거래를 강제하는 불법행위에 해당하며, ⑶ 휴대폰 제조사와의 라이선스 계약 체결 시 포괄적 라이선스 조건, 퀄컴이 정한 실시료 조건, 무상의 크로스 라이선스 조건을 강제한 것은 거래상대방에게 불이익이 되는 거래를 강제하는 불법행위에 해당한다고 본 것이다.

퀄컴은 공정거래위원회의 시정명령과 과징금부과처분의 취소를 구하는 소송을 제기했다. 그러나, 서울고등법원은 칩셋 제조사에 대한 라이선스 거절의 위법성과 칩셋 구입을 조건으로 휴대폰 제조사에 대한 라이선스 체결 강제의 불법성을 그대로 인정하고 그에 대한 시정명령은 적법하다고 판단했다. 다만, 서울고등법원은 퀄컴의 포괄적 라이선스나 실시료 산정조건이나 무상의 크로스 라이선스 요구가 반드시 휴대폰 제조사에게 불이익한 조건이라고 단언할 수 없다고 보고 관련 라이선스 조건에 한하여 공정거래위원회의 시정조치를 취소했다.[27] 퀄컴은 자신의 사업관행의 불법성을 대

26 공정거래위원회 의결 제 2017-025호 (사건번호 2015시감2118, 2017년1월20일).

27 서울고등법원 2019.12.4. 선고 2017누48 판결.

부분 인정한 서울고등법원 판결에 불복하여 대법원에 상고했다. 그러나 대법원은 모든 쟁점에 관한 퀄컴의 주장을 받아들이지 않고 상고를 기각했다.[28]

퀄컴의 사업관행이 불법적으로 시장경쟁을 제한한다고 하는 불만은 유럽, 중국, 대만에서도 제기되었다. 각 국의 시장구조가 조금씩 다르기 때문에 독점규제법 위반에 해당하는 사실관계는 조금씩 다르지만 퀄컴의 사업관행이 불법적이라고 판단된 점에서는 일치된다. 유럽에서는 2019년 집행위원회가 퀄컴이 3G 이동통신 모뎀칩셋을 약탈적인 가격으로 판매했다고 보고 퀄컴에 약 3,600억 원(€242million)의 과징금을 부과했다. 퀄컴의 약탈적인 가격책정으로 인하여 유럽의 그 당시 경쟁사업자에 해당하는 아이세라(Icera)를 시장에서 몰아내는 불법적인 사업관행에 해당한다고 본 것이다. 퀄컴은 집행위원회의 결정에 불복하여 취소소송을 제기했지만 유럽연합 법원은 그 결정을 유지하면서 과징금을 부과했지만 벌금을 약 3,500억 원(€238million)으로 낮췄다.[29]

중국에서는 2013년에 독점규제당국에 해당하는 국가발전개혁위원회(NDRC)가 퀄컴의 라이선스 계약관행이 독점규제법 위반에 해당한다고 보고 퀄컴에 약 1조 4,000억 원($975m)의 과징금을 부과하고 라이선스 로열티율을 인하할 것을 요구했다. 퀄컴은 전세계 매출의 절반을 중국에서 벌어들이고 있기 때문에, 중국 독점규제당국의 조치에 그대로 승복하고 과징금을 납부했을 뿐만 아니라

---

28 대법원 2023.4.13. 선고 2020두31897 판결.

29 https://globalcompetitionreview.com/article/qualcomm-fails-overturn-rare-eu-predatory-pricing-decision.

로열티율을 인하하는 데 합의했다.[30] 중국 당국의 조치로 휴대폰 제조업체 샤오미(小米)와 화웨이(华为)는 휴대폰 가격을 인하할 수 있는 커다란 혜택을 보게 되었다. 대만에서는 2017년에 공정거래위원회(TFTC)가 퀄컴이 휴대폰 제조업체에 불공정한 조건을 부과하여 시장 지배적 지위를 남용했다고 보고 퀄컴에 약 1조 1,400억 원($790m)의 과징금을 부과했다.[31] 칩셋시장에서 경쟁관계에 있는 대만기업 미디어텍(Mediatek)은 대만 당국의 개입의 도움으로 훨씬 더 유리한 조건에서 휴대폰 칩셋을 제조 및 판매할 수 있게 되었다.

우리나라뿐만 아니라 유럽, 중국, 대만의 독점규제당국은 자국의 시장구조를 반영하여 자국 기업 또는 자국의 경쟁사업자를 보호하기 위하여 미국 기업 퀄컴의 사업관행이 독점규제법의 위반에 해당한다고 판단했다. 미국 법원의 해석은 이와 극명한 대조를 보여준다. 미국의 연방거래위원회 또는 법무부 독점규제국은 유럽이나 우리나라에서처럼 독자적인 시정조치나 과징금을 부과할 수 있는 권한을 갖고 있지 않다. 미국의 규제당국은 오직 퀄컴과 같이 문제된 기업을 상대로 소송을 제기해서 법원으로 하여금 적절한 시정조치를 명하도록 청구할 수 있을 뿐이고, 경쟁기업도 소송을 제기하여 손해배상을 청구할 수 있을 뿐이다. 2017년에 미국 연방거래위원회(FTC)는 퀄컴의 칩셋 판매와 라이선스 관행이 셔먼법에 위반된다고 주장하면서 소송을 제기했고, 2019년에 연방지방법원은 퀄컴의 셔먼법 위반을 인정하고 문제된 사업관행의 중지를 명했

30 https://www.bbc.com/news/business-31335551.

31 https://www.lexology.com/library/detail.aspx?g=e9fc8a63-dfd6-41f8-bc30-a79a60da88a3.

다.[32] 연방지방법원의 판단은 우리나라 대법원의 판단과 거의 유사했다. (1) 퀄컴이 경쟁사업자에게 라이선스를 거절한 것은 자신이 약속한 FRAND 확약을 위반한 것이고, (2) 퀄컴이 휴대폰 제조업체들에 대하여 (a) "라이선스 없이는 칩도 없다"는 방침을 강요하면서 칩셋과 라이선스를 결합하여 판매하고 (b) 애플 및 기타의 휴대폰 제조업체들에 대하여 사실상 독점적 거래를 요구하여 경쟁사업자들을 시장에서 배제한 것은 독점적 지위의 남용에 의한 불법적인 경쟁제한에 해당한다고 판단한 것이다. 더 나아가 연방지방법원은 퀄컴으로 하여금 기존의 라이선스 조건을 재협상할 것과 경쟁관계에 있는 칩셋제조업체들에게 FRAND 조건으로 라이선스를 제공할 것을 명령하는 판결을 내렸다.

연방지방법원의 판결까지는 전세계적인 동향과 크게 다르지 않았다. 퀄컴은 연방지방법원의 판결에 불복하고 항소했다. 항소심을 담당한 제9순회 항소법원은 퀄컴의 칩셋 판매와 라이선스 관행이 불법적인 경쟁제한에 해당하지 않는다고 판단했다.[33] 항소심 재판 과정에서 법무부 독점규제국은 퀄컴이 표준기술을 확보하고 시장을 선도하는 것이 미국의 국가안보에 필요하다는 점을 강조하면서 퀄컴의 사업관행이 적법하다는 의견을 제시했다. 미국에서는 행정부의 담당 부처가 사법부의 재판과정에서 의견을 제시하는 경우가 있다. 그러나 연방거래위원회와 독점규제국이 모두 같은 행정부에 속하고 모두 독점규제의 업무를 수행하고 있음에도 불구하고 연방

---

32 FTC v. Qualcomm, 411 F. Supp. 3d 658 (District Court for the Northern District of California, 2019).

33 FTC v. Qualcomm, 969 F.3d 974 (9th Cir., 2020)

거래위원회가 제기한 소송에서 독점규제국이 정반대의 의견을 개진한 것은 극히 이례적인 것이다.

법무부 독점규제국은 법원에 제출한 이해관계인 의견서(Statement of Interest)에서 퀄컴의 이동통신기술 분야의 리더십과 미국 정부의 핵심 공급업체로서의 퀄컴의 지위를 고려할 필요가 있다고 주장하면서, 연방지방법원의 칩셋 판매 및 라이선스 재협상에 관한 명령이 미국의 국가안보를 위험에 빠뜨리고 이동통신기술 분야에서 미국의 리더십을 약화시킬 수 있다고 주장했다. 법무부의 의견은 항소심에서 퀄컴의 경쟁제한행위에 대한 판단을 하는 데 놀라운 반전을 일으켰다. 독점규제국의 의견서 제출은 델라힘 국장에 의하여 추진된 것인데, 델라힘 국장은 퀄컴의 로비스트 변호사였다.[34] 그러나 냉정하게 생각해본다면 퀄컴의 FRAND 확약 위반 및 경쟁제한의 관행을 그대로 방치하는 것이 오히려 이동통신 기술의 발전과 혁신을 저해하고 궁극적으로 국가안보를 약화시킬 수도 있다.[35] 특히 국가안보는 국가마다 다르며 각 국가의 안보 이익은 서로 상충한다. 따라서 미국 연방항소법원의 판단이 우리나라 시장질서에 그대로 타당하다고 말할 수 없음은 물론이다.

---

34 Fiona Scott Morton, Kartikoya Kandula, Karissa Kang, Do We Need a New Sherman Act?, 2022 Colum. Bus. L. Rev. 42 (2022) at 64.

35 Brief of Amicus Curiae in support of FTC submitted by law and economics professors to the US Court of Appeals for the Ninth Circuit regarding FTC v. Qualcomm, Case No. 19-16122.

인공지능시대의 시장

챗GPT의 등장으로 일반인들도 인공지능에 대한 관심이 폭발적으로 늘었고 구글의 아성도 흔들리면서 시장질서 또한 재편되고 있다. 챗봇과 같은 인공지능이 단순히 심심풀이 대화 상대방에 그치지 않고 학생들의 과외 교사, 전문가들의 개인 비서, 기업들의 생산 도구가 되었다. 인공지능은 개인과 기업의 생산성을 향상시켜주고 좋은 제품과 서비스를 보다 저렴한 가격으로 생산할 수 있도록 도와준다. MS는 검색엔진에 인공지능을 활용하는 데 구글보다 앞서서 검색시장에서의 점유율도 조금씩 바뀌고 있다.

챗GPT가 등장하기 이전부터 구글과 네이버 등 첨단기업들은 데이터 분석에 인공지능을 활용해왔다. 플랫폼들이 검색만으로는 수익을 창출하기 어렵지만 인공지능을 활용하여 맞춤형 광고를 판매함으로써 막대한 수익을 올리는 기업이 되었다. 인공지능은 이용자들의 인터넷이용행태와 선호하는 앱과 콘텐츠를 분석하여 이용자들이 관심을 가질 수 있는 광고와 콘텐츠를 맞춤형으로 보낼 수 있도록 도와준다. 넷플릭스(Netflix)와 스포티파이(Spotify)는 인공지능을 활용하여 정확한 콘텐츠를 추천함으로써 스트리밍 시장을 선점했다. 이들 스트리밍 기업들은 기존의 비디오 및 오디오 시장을 무너뜨리고 새로운 시장을 만들고 선점한 것이다. 자율주행자동차도 인공지능을 활용하여 도로상황을 정확히 인식하고 스스로 안전하게 도로를 운행해나간다.

아마존(Amazon)과 쿠팡(Coupang)은 인공지능으로 고객의 취향에 맞는 상품을 추천해준다. 더 나아가 인공지능은 상품의 수요와 공급에 관한 정보를 분석하여 동적 가격결정(dynamic pricing)을 함으로써 수익을 창출한다. 기존의 소매상들은 진열된 상품에 가격표를 붙이면 팔릴 때까지 그대로 그 가격이 유지되지만, 아마존과 쿠팡은 고객의 수요와 경쟁업체의 가격 등을 반영하는 동적 가격결정 방식으로 필요하면 하루에도 몇 차례씩 가격을 수정한다. 동적 가격결정을 수행하는 인공지능 알고리즘은 애덤 스미스(Adam Smith)도 감탄할 정도로 시장의 수요와 공급을 충실히 반영하여 가격을 결정할 수 있다. 인공지능 덕분에 아마존과 쿠팡을 이용하는 생산업자와 소비자 모두 행복해질 수 있다. 다만, 대부분의 생산업자들과 소비자들이 아마존과 쿠팡으로 몰리는 사이에 기존의 전통적인 오프라인 소매상들은 자신의 시장을 거의 다 빼앗겨 버렸다. 기술혁신과 소비자의 선택에 따른 시장변화에 해당하고 정부의 시장개입은 부작용을 초래할 뿐이다. 그러나 인공지능이 이용자들의 소비 행태에 따른 가격차별의 도구로 활용되거나 경쟁업체들의 가격경쟁을 차단하는 수단으로 악용되는 경우에는 시장의 불만이 심각해진다.

아마존은 이용자들의 아마존 방문 빈도와 구매 경력을 기준으로 일종의 충성도를 산정한 후 그 충성도가 높은 경우에는 수요 정도가 높다고 보고 3~5% 정도 더 높은 가격을 제시했다. 충성도가 높은 이용자들에게 아마존 프라임(Prime)과 같은 혜택을 부여하는 것은 무방하겠지만, 충성도가 높은 이용자들에게 인상된 가격을 제시하는 것은 이용자들의 불만을 초래할 뿐이다.[36] 승차공유플랫

36 https://www.computerworld.com/article/2588337/amazon-apologizes-for-price-testing-program-that-angered-customers.html

폼 우버(Uber)는 이용자 휴대폰의 배터리가 바닥이거나 절전 모드로 전환될 때에는 이용자의 서비스 이용이 절박한 상태라고 판단하고 높은 요금을 부과했다.[37] 가격 알고리즘이 고가의 단말기인 아이패드로 접속하는 이용자에게는 높은 가격을, 오래된 기종의 데스크톱 컴퓨터로 접속한 이용자에게는 저렴한 가격을 제시하는 것은 정당한가?[38] 인공지능 알고리즘의 동적 가격결정이 어느 범위에서 합리적인 것인지 어디에서부터 불공정하고 불법적인 영업으로 보고 규제해야 할 것인지 판단하기 어려운 문제들이다.

우버의 알고리즘은 택시 및 승차 공유에 관한 수요가 급증하는 우천 시 또는 출퇴근 시간대에는 평소 요금의 3배 정도 인상한 가격을 제시하기도 한다. 기존의 전통적인 택시들이 시장에서 가격경쟁을 하고 있다면 우버의 출퇴근 시간대 가격인상은 시장과 소비자들이 판단할 문제일 것이다. 그러나, 투자자들의 엄청난 투자 덕분에 우버는 저렴한 요금으로 시작해서 기존의 택시 카르텔을 물리치고 시장지배적 지위를 차지하고 난 이후에는 요금을 인상하기 시작했다. 그래서 우버의 평균 요금은 2018년과 2021년 사이에 92% 상승했고 전통적인 택시 요금의 거의 두 배에 달하는 지역도 많아졌다.[39] 어느날 우버의 가격결정 알고리즘의 원리를 파악한 런던의 운전사들은 인위적으로 승차 요금을 올리기 위한 집단행동을 했다. 우버 운전사들이 출퇴근 시간대에 집단적으로 동시에 우버 앱을

37 Ryan Calo and Alex Rosenblat, The Taking Economy: Uber, Information, and Power, 117 Colum. L. Rev. 1623 (2017) at 1643.

38 위르겐 메피르트, 아난드 스와미나탄 지음, 고영태 옮김, 디지털 대전환의 조건 (청림출판, 2017), 179쪽.

39 https://slate.com/business/2022/05/uber-subsidy-lyft-cheap-rides.html.

잠시 끄면, 차를 타려는 수요는 폭증하는데 공급은 일시적으로 감소하게 되니 수요·공급 원리에 따라 우버 알고리즘은 평소 요금의 8배 정도 인상한 가격을 제시하게 되었다. 알고리즘을 이용한 우버 운전사들의 담합이 독점규제법 위반에 해당하는지에 관한 새로운 논란을 야기했다. 인공지능시대의 시장질서에 정부의 개입을 신중하게 검토해보아야 할 순간인 것이다.

우리는 배달의 민족이기 때문에 그런지 몰라도 배달 주문이 너무나도 편리하고 외국에 비하면 상당히 저렴한 편이다. 그러나, 음식점들은 배달 앱에 내야 하는 수수료가 음식값의 30%를 넘는다고 상당한 불만을 갖고 있고,[40] 플랫폼 기업과 입점업체 사이에 수수료 수준에 대한 갈등이 계속되고 있다. 정부가 플랫폼 기업은 '갑'이고 입점업체는 '을'이라고 하는 갑을관계의 시각에서 수수료 갈등에 개입해야 할까? 정부가 합리적인 수수료 수준을 파악하기도 어렵고, 수수료 규제를 하더라도 그로 인한 손실 부담이 배달노동자들에게 전가될 것이다. 배달 앱의 수수료는 전자상거래의 대표 주자 '아마존'이 떼어가는 수수료와 비교해 보면 더 혼란스러워진다. 아마존에서는 200만여 개의 중소기업들이 입점해서 소비자들을 만나고 있는데 입점업체들은 판매 가격의 50%가량의 수수료를 아마존에 지급해야 한다. 아마존이 입점업체로부터 받는 수수료는 플랫폼 수수료와 광고료 그리고 창고 보관, 포장, 배송 비용을 모두 포함한 것이다.

---

40 https://veiwnam.tistory.com/136.

개인정보와 경쟁질서

인공지능이 기업들의 생산성을 향상시켜주고 새로운 시장을 만들 수 있는 것은 방대한 데이터를 분석할 수 있는 능력이 있기 때문이다. 구글과 네이버에서부터 우버와 배민에 이르기까지 첨단기업들은 고객의 이용행태 등에 관한 데이터를 수집하고 인공지능으로 분석해서 활용했다. 따라서 인공지능시대에 기업들의 경쟁력은 얼마나 많은 고객들의 개인정보를 수집해서 활용하는지에 달려있다고 말할 수 있다. 개인정보가 인공지능시대의 경쟁질서를 좌우한다.

2019년에 독일 연방카르텔청(Bundeskartellamt)은 페이스북의 데이터 수집 및 이용이 시장지배적 지위 남용에 해당한다고 보고 시정조치를 취했다. 문제의 핵심은 페이스북이 소셜미디어 시장에서 지배적 지위를 이용해 이용자들의 개인정보와 데이터를 무제한으로 수집하고 이용한다는 점에서 출발한다. 페이스북은 왓츠앱 및 인스타그램에서 수집한 데이터를 페이스북의 데이터와 결합해서 광고에 이용하고, 더 나아가 이용자들이 좋아요 또는 공유 버튼의 클릭으로 다른 웹사이트를 방문한 경우 그에 관한 정보를 수집해서 막대한 광고 수익을 올렸다. 이용자들로서는 페이스북의 정보 수집 및 이용이 어떻게 어느 범위에서 이루어지는지 잘 알 수도 없지만, 알더라도 그러한 정보 수집 및 이용에 관한 회원약관에 동의하지 않고서는 페이스북을 이용할 수 없으므로 울며 겨자먹기식으로 페이스북의 정보 수집 및 이용에 동의할 수밖에 없다. 독일 연방카르텔청은 바로 그러한 무제한 정보 수집 및 이용을 강제하는 약관의 사용이 시장지배적 지위의 남용에 해당한다고 본 것이다. 연방카르텔청은 페이스북이 왓츠앱 또는 인스타그램에서 수집한 데이터를 결합하기 위해서 사전에 이용자의 추가 동의를 받아야 하고, 이용자의 추가 동의가 없는 경우에는 왓츠앱 또는 인스타그램에서 수집한 데이터는 각각의 서비스와 관련된 목적으로만 이용해야 한다는 시정조치를 취했다. 더 나아가 연방카르텔청이 페이스북으로 하여금 이용자들의 다른 웹사이트 방문에 관한 데이터를 수집해서 이용하기 위해서도 이용자들의 추가 동의를 받을 것을 명하는 시정조치를 취했다.

페이스북은 연방카르텔청의 시정조치가 위법하다고 주장하면서 그 취소를 구하는 소를 제기했다. 뒤셀도르프 고등법원은 페이스북의 정보 수집 및 이용이 이용자들에게 막대한 해를 가할 수는 있지만 경쟁사업자들의 경쟁을 제한한다고 보기는 어렵다고 판단했다. 다시 말해서 페이스북의 정보 수집과 이용에 문제가 있다면 그러한 문제는 개인정보 보호의 문제이지 경쟁제한의 문제는 아니라고 본 것이다. 실제로 소비자조합이 페이스북을 상대로 제기한 소송에서, 2018년 1월에 베를린 지방법원은 이미 개인정보보호법 위반을 인정하고 정보의 위법적인 수집과 이용을 금지하는 내용의 판결을 내린 바 있었다. 그러나 연방카르텔청은 고등법원의 판결에 불복해서 상고를 제기했고, 독일 연방대법원은 페이스북이 소셜미디어 시장에서 지배적 지위를 갖고 있기 때문에 무제한으로 데이터를 수집, 결합, 이용할 수 있었던 것은 그러한 시장지배적 지위의 남용에 해당한다고 최종 판단했다. 연방대법원은 데이터가 경쟁 질서의 핵심임을 확인하면서 페이스북의 데이터 수집과 이용은 시장지배적 지위를 남용하여 이용자들을 착취한 것일 뿐만 아니라 동시에 이용자 착취로 데이터를 수집해서 이용함으로써 경쟁사업자들의 사업을 방해한 것이라고 본 것이다. 이용자들로서는 페이스북이 과도한 정보 수집을 하더라도 맞춤형 서비스를 받을 것인지 아니면 맞춤형 서비스의 수준이 낮아지더라도 자신에 관한 정보의 수집과 이용을 통제할 것인지 선택할 수 있어야 하는데, 페이스북은 이용자들에게 그러한 선택 기회를 제공하지 않고 무제한의 정보 수집과 이용을 해서 시장지배적 지위를 남용한 것이다.[41]

유럽연합의 차원에서는 집행위원회가 2018년에 페이스북에 왓츠앱(WhatsApp)과의 합병 과정에서 개인정보의 결합 및 이용에 관한 허위 정보를 제공했다고 보고 1,600억 원(€110m)의 과징금을 부과했고 2020년부터 페이스북의 독점규제법 위반 혐의를 조사하고 있다. 2014년에 페이스북이 왓츠앱과의 인수합병을 집해위원회에 신고할 당시에, 페이스북 이용자의 개인정보와 왓츠앱 이용자의 개인정보 사이에 신뢰할 수 있는 자동 매칭을 할 수 없어서 개인정보의 결합이용은 불가능하다고 신고했었다. 그러나 2016년에 왓츠앱은 페이스북 계정을 매칭함으로써 개인정보를 결합하여 서비스에 활용하기 시작했고, 이용자들에게도 서비스 약관 및 개인정보 보호 정책에 대한 변경내용을 통지했다. 유럽집행위원회는 인수합병 당시 페이스북이 왓츠앱의 개인정보를 매칭방식으로 결합하여 이용한다고 신고했다면 인수합병이 독점규제법에 위반된다고 결정할 수도 있었다고 판단한 것이다. 인공지능에 의한 개인정보의 활용이 경쟁질서에 영향을 미칠 수 있다고 판단한 점에 있어서는, 집행위원회의 판단이 독일 연방카르텔청의 판단과 일치한다.

---

41 BGH Beschl. v. 23.6.2020

두 개의 플랫폼 기업이 각각 수집한 개인정보를 인수합병의 방식으로 결합하여 이용하는 것이 경쟁질서에 영향을 미치는지에 대하여는 미국에서도 뜨거운 논쟁의 대상이 되었었다. 그러나, 미국에서는 시카고학파의 영향으로 인수합병으로 인한 개인정보의 결합 이용에 대하여 정부가 개입할 필요는 없다고 보는 견해가 지배적이었다. 구글이 애드테크(ad-tech) 기업 '더블클릭(Double Click)'을 인수할 때 그리고 페이스북이 왓츠앱을 인수할 때에, 미국의 독점규제 당국은 두 기업의 인수합병이 관련시장에서 경쟁제한을 초래할 위험은 없다고 판단했다. 광고시장이 기술혁신으로 급성장하는 역동적인 시장에 해당하기 때문에 두 기업의 합병으로 인하여 개인정보를 결합하여 이용한다고 하더라도 시장지배적 지위의 남용에 의한 경쟁제한의 위험은 없다고 본 것이다. 그리고 인수합병 당시 구글 이외에 MS와 야후 같은 경쟁 사업자들이 디지털 광고 시장에서 치열한 경쟁을 하고 있었고, 페이스북의 광고 서비스는 구글의 5분의 1도 되지 않는 규모에 불과했었다는 점도 반영되었다.

지난 수년간 광고 시장이 너무나 많이 달라져서 지금처럼 구글과 페이스북이 온라인 광고에 있어서 압도적인 지위를 갖고 있는 상황에서는, 유망한 벤처 기업을 인수하고 데이터 통합을 한다면 경쟁제한과 소비자 선택에 미치는 부작용에 대하여 전혀 다른 결론에 도달할 수도 있을 것이다. 특히 시카고학파보다 브랜다이스학파의 영향이 더 커지면서 2020년에 연방거래위원회는 페이스북이 소셜 미디어에 대한 독점을 유지하기 위해 경쟁제한행위를 하고 있다고 주장하면서 페이스북을 상대로 소송을 제기했다. 특히 연방거래위원회는 페이스북이 인스타그램 및 왓츠앱을 인수함으로써 잠

재적 경쟁자를 제거하고 광고시장에서 자신의 시장지배력을 강화한 점을 강조했다. 연방거래위원회는 페이스북의 경쟁제한행위를 규제하기 위해 기업분할이 필요하다고 주장했다. 그러나 브랜다이스학파의 영향으로 미국 독점규제당국이 제기한 소송은 모두 상당한 시간을 필요로 했기 때문에 아직도 법원의 결론은 나오지 않았다. 2025년에 취임한 트럼프 대통령은 친기업적 성향의 법정책을 펼칠 것으로 기대되기 때문에 미국의 독점규제당국이 독점규제소송을 지속적으로 추진해나갈지 지켜봐야 할 일이다.

데이터 자본주의

인공지능은 데이터의 분석에 의하여 위력을 발휘한다. 따라서 데이터는 인공지능시대 기업의 가장 중요한 자산이 된다. 구글과 페이스북이 스타트업을 인수하는 배경에는 그 스타트업의 기술과 데이터의 가치가 자리잡고 있다. 승차공유플랫폼 기업 우버(Uber)는 자동차 한 대 보유하지 않았지만 자동차 운전자들의 운전행태와 승객의 승차 및 이동경로 등에 관한 엄청난 데이터를 확보하게 되었기 때문에 그 시가총액은 240조 원($167b)에 달한다. 생성형 인공지능 챗GPT는 인공지능을 훈련시키기 위하여 뉴욕타임즈(NY Times) 등의 신문기사를 학습데이터로 활용했고, 뉴욕타임즈는 데이터를 허락없이 사용한 챗GPT를 상대로 소송을 제기했다. 인공지능시대에는 데이터가 가장 중요한 자산이기 때문에 데이터 보유 기업들과 인공지능 기업들 사이에 소리없는 전쟁이 일어나고 있다. 우리나라에서도 '네이버 부동산'과 '직방', '잡코리아(JobKorea)'와 '사람인', '야놀자'와 '여기어때'는 데이터를 둘러싸고 뜨거운 소송전을 벌였다. 국내외를 불문하고 데이터가 경쟁질서의 핵심을 차지하게 되었고, 데이터는 과연 누구 것인지를 둘러싸고 심각한 논의가 진행되고 있다.

인공지능시대에는 데이터가 석유 이상으로 중요한 자산이고 수익의 원천이며 데이터가 중요한 거래대상이 되는 '데이터 자본주의'가 지배하고 있다. 데이터 자본주의에서는 모든 기업들이 보다 많은 데이터를 확보하기 위한 투자와 노력을 한다. 데이터를 확보하기 위하여 데이터를 스스로 생산하거나 인터넷에서 데이터를 수집한다. 데이터를 생산한 기업은 자신의 데이터를 중요한 자산으로 취급하고 법적인 보호를 받고자 한다. 반면에 데이터를 인터넷에서 수집해서 확보하고자 하는 기업은 인터넷상의 데이터가 특정 기업의 자산이 아니라 누구나 공유할 수 있는 것이라고 생각한다. 한편으로는 데이터를 생산하고 있거나 이미 확보하고 있는 기업이 있고 다른 한편으로는 인터넷에서 데이터를 수집하려고 하는 기업이 있다. 이들 기업들 사이에 긴장과 갈등은 데이터 자본주의에서 경쟁질서를 좌우하는 가장 중요한 문제가 되고 있다.

챗GPT를 비롯한 상당수의 인공지능은 '크롤러(crawler)' 또는 '스파이더(spider)'라고 하는 로봇 소프트웨어로 하루 24시간 내내 인터넷을 돌아다니면서 데이터를 수집해서 학습한다. 크롤러를 활용하여 인터넷상의 데이터를 수집하는 것을 '데이터 크롤링'이라고 한다. 크롤링 방식으로 인터넷에서 수집하는 데이터에는 개인정보 또는 저작물도 포함되어 있을 수 있다.

수집하는 데이터가 개인정보라면 개인의 동의를 받는 것이 원칙일 것이다. 그러나 인터넷에 공개된 개인정보를 수집한 경우에는 개인의 동의를 받아야 하는지도 명확하지 않고 개인의 동의를 받는 것 자체도 쉽지 않다. 최근에 크롤링으로 개인정보를 수집해서 이용할 수 있는지를 둘러싸고 뜨거운 논쟁을 일으킨 사건으로 MS의 '링크드인(LinkedIn)' 사례가 있다. 링크드인은 이용자들이 자신의 이력 사항을 게시해서 구인 및 구직 및 전문가 네트워크로 활용하는 소셜 사이트이다. 미국 스타트업 하이큐랩스(hiQ Labs)는 크롤링 방식으로 링크드인에 공개된 이력 사항을 수집해서 분석한 후 기업들한테 종업원의 능력 분야(Skill mapper) 및 이직 확률(Keeper) 등의 분석 결과를 유상으로 공급하는 서비스를 제공했다. 링크드인은 하이큐랩스에 대하여 링크드인 서버의 접근 및 데이터 복제를 금지하는 통지를 했고, 하이큐랩스는 크롤링이 적법한 데이터수집에 해당한다고 주장하면서 소송을 제기했다. 링크드인은 회원들의 이력사항은 개인정보 침해에 해당하고 하이큐랩이 '접근 권한 없이' 링크드인의 서버에 침입하는 것이 '컴퓨터 사기 및 남용방지법(Computer Fraud and Abuse Act: CFAA)'의 위반에 해당한다고 주장했다. 그러나 미국 연방지방법원과 연방항소법원은 회원들이 스스로 이력 사항 등을 링크드인에 공개했기 때문에 이력 사항 등의 데이터는 프라이버시 보호에 대한 기대가 전혀 없는 공개 데이터에 해당한다고 판단했다. 또한 법원은 패스워드 등에 의해서 접근이 차단된 데이터가 아니라면 누구나 접근할 수 있는 공개된 데이터를 수집하는 것은 '접근 권한 없이' 서버에 접근한 것이라고 말할 수 없고 따라서 CFAA 위반에 해당하지 않는다고 판시했다.[42]

---

42 hiQ Labs, Inc. v. LinkedIn Corp, 938 F.3d 985 (9th Cir. 2019).

챗GPT와 같은 인공지능이 학습하는 데이터에는 저작물도 포함되어 있다. 인공지능과 인간 작가들 사이에 세기의 전쟁을 치르지 않을 수 없게 되었다. 인공지능 작가는 문화시장에 진입하려고 하고 인간 작가들은 기존의 시장을 빼앗기지 않으려고 치열하게 경쟁할 것이다. 화가 서명란에 인공지능의 알고리즘[43]을 작가로 표시한 초상화 'Edmond de Belamy'가 크리스티경매에서 5억 원이 넘는 고가에 낙찰되고, 인공지능 미드저니(MidJourney)로 그린 그림이 콜로라도주 미술대회에서 우승을 했으니[44] 이제 인공지능 작가들이 이미 시장에 진입했다고 말할 수 있다. 뿐만 아니라 인공지능은 법적으로 작가로 취급되길 바라고 저작권법에 따라 '저작자(author)'로 등록되는 날을 기다리고 있다.[45]

또한 인공지능과 작가들은 저작권 침해 여부를 둘러싸고 법정에서 치열하게 다툴 것이다. 뉴욕타임즈는 챗GPT가 자사 신문기사를 무단복제해서 학습데이터로 사용했다고 주장하면서 오픈AI 및 MS를 상대로 저작권침해소송을 제기했다.[46] 스태빌리티AI는 이용자들의 요구에 따라 반고흐(Vincent van Gogh)와 같이 저명한 화가의 화풍으로 이미지를 만들어주는 것으로 순식간에 인기를 끌었다. 앤더슨 등의 작가들은 스태빌리티AI가 자신의 작품을 크롤링하고

---

43 $\min_{G}\max_{D} E_x[\log(D(x))] + E_z[\log(1-D(G(z)))]$.

44 Théâtre D'opéra Spatial (https://www.nytimes.com/2022/09/02/technology/ai-artificial-intelligence-artists.html)

45 Dr. Stephen Thaler는 인공지능으로 "A Recent Entrance to Paradise"이라는 제목의 그림을 그린 후, 인공지능을 저작자로 그리고 자신을 저작권자로 표시하여 저작권등록신청을 했다. 미국 저작권청이 그 등록을 거절하자 거절결정의 취소를 구하는 소송을 제기했다.

46 New York Times Co. v. Microsoft, No. 1:23-cv-11195 (S.D.N.Y).

무단이용했다고 주장하면서 소송을 제기했다.[47] 인터넷에 공개되어 있는 개인정보를 수집하는 것과 마찬가지로 공개된 저작물을 크롤링하는 데 저작권자의 동의를 받아야 하는지 명확하지 않고 모든 저작권자를 확인하여 동의를 받는 것도 현실적으로 쉽지 않다. 인터넷상에서 저작물을 수집하여 허락없이 무단 복제물을 만들고 판매하는 것이라면 저작권 침해에 해당할 것이다. 그러나 저작물을 수집하여 인공지능이 학습데이터로 이용할 뿐이라면 저작권 침해가 아니라 소위 '공정이용(fair use)'으로 적법한 이용에 해당한다고 하는 주장도 충분히 설득력을 갖는다. 20년 전에 구글이 도서검색(Google Books)서비스를 개발하기 위하여 하버드, 스탠포드, 옥스포드 등의 저명한 대학도서관에 보관된 2,500만 권의 장서를 스캔해서 그 디지털 사본을 대학도서관과 구글의 서버에 저장한 경우에, '저작자 조합(Authors Guild)'은 구글을 상대로 저작권 침해를 주장하면서 소송을 제기했다. 그 소송은 무려 10년이 걸렸고 미국 연방항소법원은 구글이 디지털 사본을 인터넷으로 무단 유통시킨 것이 아니고 오직 도서검색의 목적으로만 이용한 것이라면 구글이 도서를 스캔하고 서버에 저장하고 검색에 활용한 것은 공정이용에 해당한다고 판시했다.[48]

미국 사례들을 보면 데이터의 무단 복제가 개인정보의 침해나 서버의 무단침입이나 저작권의 침해에 해당한다고 보는 데 상당히 신중하고 소극적인 입장을 보여주고 있다. 데이터 자본주의는 데이터의 보호 못지 않게 데이터의 이용이 시장경쟁에 중요하다는 점

---

47 Andersen v. Stability AI, 23-cv-00201-WHO (N.D. Cal., 2023).
48 Authors Guild v. Google, Inc., 804 F.3d 202 (2d Cir. 2015).

을 잘 반영한 입장인 것이다. 데이터가 개인정보든 저작물이든 그 법적 보호를 강화하면 데이터 이용을 불법으로 보는 범위가 넓어지고 그만큼 시장경쟁은 위축될 것이다. 그러나, 우리나라의 판례를 보면 데이터 자본주의에서 데이터의 보호와 이용 사이의 균형점에 관한 고민을 하고 있는지 의문이 든다. 인공지능시대에 시장의 변화를 전혀 모르는 판례가 아닌지 의심이 들 정도로 우리를 어리둥절하게 만든 판례도 많다. 크롤링의 방식으로 인터넷에 공개된 데이터를 수집해서 활용하는 것이 위법하다고 본 사례들 가운데 기술과 시장의 변화에 역행하는 사례들도 상당수 있다.

취업 사이트 '사람인'은 크롤링 방식으로 '잡코리아' 사이트에서 10% 정도의 채용 정보를 수집하여 자신의 웹사이트 구성 방식에 맞추어 게시했다. 이 사건에서 서울고등법원은 사람인이 크롤러에 의한 반복적이고 체계적인 채용 정보의 복제로 잡코리아의 권리를 침해했다고 보고 저작권법 위반을 인정했다.[49] 잡코리아의 웹사이트에 게시된 채용 정보는 저작물에 해당하지 않는 데이터에 불과하지만, 사람인의 크롤링에 의한 데이터 수집 및 이용이 잡코리아의 데이터베이스 권리를 침해한 것이라고 본 것이다. 잡코리아 웹사이트에 게재되어 있는 채용정보는 저작물이 아니고, 저작권법도 데이터 그 자체를 보호할 수는 없다.[50] 따라서 채용 정보라고 하는 데이터를 크롤링하고 수집해서 이용한 것은 저작권 침해로 볼 수 없다. 그러나 서울고등법원은 크롤링 방식으로 반복적이고 체계적으로 채용 정보를 복제한 것이 데이터베이스 제작자의 권리를 침해한 것

49 서울고등법원 2017. 4. 6. 선고 2016나2019365 판결.

50 저작권법 제93조 제2항.

이라고 판결한 것이다. 서울고등법원은 데이터베이스 제작자의 권리를 너무 넓게 보호해서 결과적으로 입법취지를 무시하고 데이터 자체를 보호하는 잘못을 범하고 있다.

크롤링에 의한 데이터 수집은 플랫폼 업계에서 널리 활용되고 있는 통상적인 기술임에도 불구하고 그에 대한 형사 책임을 추궁하는 데에는 더 신중을 기해야 한다. 그러나 숙박 정보를 제공하면서 숙박 예약에 관한 서비스를 제공하는 '여기어때'가 선발업체 '야놀자'의 숙박 정보를 크롤링 방식으로 수집해서 이용한 사안에서, 서울중앙지방법원은 숙박업소 데이터의 불법 복제 및 이용이 데이터베이스 제작자의 권리를 침해한 범죄행위에 해당한다고 유죄 판단을 했다.[51] 형사 처벌은 기술혁신과 데이터 활용을 위축시킬 수 있는 위험이 더 크기 때문에 유죄 판결에 대하여 많은 우려가 있었다. 다행히 대법원은 정반대로 무죄의 판결을 내렸다. 대법원은 '여기어때'가 복제한 숙박 정보들이 이미 상당히 알려져 있고 공개된 정보로서 '야놀자'가 그 수집에 상당한 비용이나 노력을 투입했다고 보기도 어렵기 때문에 '여기어때'의 데이터 이용이 야놀자의 권리를 침해한 것으로 보기는 어렵다고 판결했다. 특히 이미 공개되어 있는 데이터의 복제로 인해서 '야놀자'의 이익을 부당하게 해친 것도 없으므로 저작권법 위반의 죄로 처벌할 수 없다고 판결한 것이다.[52]

대법원 판결과 같이 공개된 데이터를 수집해서 활용하는 것이 저작권법 위반에 해당되지 않는다면 '여기어때'는 데이터 크롤링의

51 서울중앙지방법원 2020. 2. 11. 선고 2019고단1777 판결.

52 대법원 2022.5.12. 선고 2021도1533 판결.

방식으로 '야놀자'와 자유롭게 경쟁할 수 있을 것이다. 그러나 데이터 크롤링에 관한 이상한 판례는 계속된다. 야놀자가 여기어때를 상대로 제기한 민사소송에서 서울고등법원은 부정경쟁방지법의 위반에 해당한다고 해석했기 때문이다.[53] 저작권법에 따르면 '여기어때'의 데이터 크롤링이 적법하고 공정한 경쟁에 해당하지만, 부정경쟁방지법에 따르면 불공정한 경쟁행위가 된다고 보는 것은 무리한 해석이다. 저작권법의 규정에 따른 결과를 존중하고 부정경쟁방지법의 적용은 자제해야 한다는 것이 부정경쟁방지법의 기본 취지인데[54] 서울고등법원은 그 법취지에 정면으로 반하는 무리한 해석을 한 것이다. 저작권법에 위반되지 않는 적법하고 공정한 경쟁행위를 부정경쟁방지법에 위반되는 불공정 경쟁행위라고 보는 데 담당 재판부의 고민이나 신중함을 찾아보기 어렵다. 서울고등법원이 부정경쟁방지법의 위반을 인정함으로써 야놀자의 데이터 보호는 강화되겠지만 데이터의 이용과 관련 시장에서의 경쟁은 크게 위축된다. 데이터 자본주의에서 데이터의 보호와 이용 사이에 최적의 균형점을 찾는 것은 대단히 중요한 과제이다. 미국과 우리나라의 사례를 비교해보면 우리나라에서는 데이터의 보호가 데이터의 이용보다 더 중시되고 더 강화되고 있는 모습을 확인할 수 있다. 서울고등법원이 부정경쟁방지법을 무리하게 확대적용함으로써 인공지능시대에 기술혁신과 시장발전에 역행하는 균형점을 강요하는 것이 아닌가 우려된다.

---

53 서울고등법원 2022. 8. 25. 선고 2021나2034740 판결.

54 부정경쟁방지 및 영업비밀보호에 관한 법률 제15조.

트럼프 2.0의 시장질서

미국의 트럼프 대통령은 비호감도가 높고 민주주의 기본질서를 위협한다고 하는 비난을 받고 있지만, 트럼프 2기(Trump 2.0)의 법 정책에는 귀 기울여볼 만한 대목이 많다. 트럼프 대통령은 4년 전에 연임에 실패한 후 선거결과에 승복하지 않고 헌정질서를 위협해서 많은 비난을 받았다. 그러나 2025년에 다시 백악관으로 복귀한 트럼프 2기는 '규제완화(Deregulation)'로 일자리 성장을 위한 정책을 펼치고 있다. 4년 전 트럼프 1기도 규제완화를 추진했지만 트럼프 2기는 더 광범위하고 철저한 규제완화를 추진하기 위하여 '새로운 규제 1개마다 10개의 기존 규제를 폐기'[55]하기 위한 행정명령을 발표했다. 규제완화 추진의 배경에는 종전의 민주당 정부가 만들어낸 과잉규제가 기업들의 혁신과 기업가정신을 위축시키고 개인의 자유와 선택을 제약해서 미국 기업과 개인이 총2,400조 원($1.7trillion)의 비용을 더 부담했다는 판단이 자리잡고 있다. 상징적인 조치이지만 환경규제로 소비자들의 반발을 불러일으킨 '종이 빨대'의 정부 조달 및 강제 사용을 중단하는 행정명령에 서명하기도 했다.

규제완화는 트럼프 대통령의 새로운 정책이 아니다. 기업의 경쟁력을 향상시키위 위하여 규제완화를 추진한 주정부 연방정부의 선례는 많이 있다. 미국의 50개 주는 서로 다른 법정책으로 서로 다른 규제를 하고 있는데 최근 수년간 텍사스가 많은 규제완화로 가장 친기업적인 환경을 만들었다. 규제완화 덕분에 오라클(Oracle),

---

55 *Eliminating 10 Regulations For Each New Regulation Issued.* https://www.whitehouse.gov/fact-sheets/2025/01/fact-sheet-president-donald-j-trump-launches-massive-10-to-1-deregulation-initiative/.

휴렛패커드(HP), KFC 등 많은 기업들이 그 본부를 텍사스로 이전했고, 일론 머스크는 본부 건물을 텍사스로 옮겼을 뿐만 아니라 델라웨어주에서 설립한 테슬라(Tesla)를 텍사스에서 다시 새롭게 재설립하기까지 했다. 골드만 삭스와 같은 금융기업들은 텍사스에 많은 빌딩을 확보하고 왕성한 금융서비스를 제공하고 있고, 뉴욕증권거래소는 텍사스에서 완전히 전산화된 증권거래소의 기능을 갖춘 NYSE Texas를 시작했다. 금융기업들은 이에 만족하지 않고, 이사회 구성의 다양성을 비롯하여 지나치게 진보적인 과잉규제 대신에 친기업적인 증권거래소를 만들기 위하여 뉴욕증권거래소 및 나스닥의 대항마로 '텍사스증권거래소(Texas Stock Exchange: TXSE)'의 설립을 추진하고 있다.

미국의 이러한 규제완화 및 친기업적인 시장질서와는 대조적으로 유럽연합은 지속적으로 노동 및 환경 등에 관한 복잡한 규제를 차곡 차곡 강화해왔다. 가장 대표적인 예로 미국에서는 프래킹(fracking)의 방식으로 많은 에너지를 생산하고 있는 데 반하여, 유럽연합은 고압의 액체를 암반에 주입해 균열을 일으켜 천연가스나 석유를 추출하는 프래킹을 금지하고 수입 에너지에 의존해왔다. 특히 러시아로부터 저렴한 천연가스를 수입해오다가 우크라이나 전쟁이 발발하면서 유럽은 에너지 가격을 비롯한 물가인상으로 심각한 경제위기를 겪고 있다. 15년 전 유럽 경제의 규모는 미국보다 10% 더 컸지만, 2022년에는 미국보다 23% 더 작아졌다. 같은 기간 동안 유럽연합(영국 포함)의 GDP는 21% 성장한 반면에 미국은 72% 성장했기 때문이다. 지난 15년간의 경제성장에 커다란 차이가 생긴 것은 과잉규제해온 유럽과 규제완화와 친기업적인 시장질서를 추구해온 미국의 차이라고 말할 수 있다. 유럽은 원자력발전도 엄격히 규제하거나 금지했다가 우크라이나 전쟁으로 에너지 위기를 맞이해서 비로소 그 규제를 철폐하기 시작했다. 독일의 최근 의회선거에서 중도보수 성향의 기독민주당이 승리했고, 기독민주당의 메르츠 (Friedrich Merz) 총리 후보는 세금인하와 규제완화를 추진할 예정이다. 독일 메르츠 총리의 시장친화적 정책이 유럽연합의 시장질서에 얼마나 영향을 미칠지는 지켜볼 일이다.

독점 규제와 같이 정부의 시장개입에 있어서도 미국과 유럽은 커다란 차이를 보이고 있다. 미국에서는 지난 40여 년간 시카고학파의 영향으로 셔먼법의 활용을 자제하고 정부의 시장개입에 극히 신중한 입장을 취해왔다. 코로나 위기를 거치면서 바이든 정부가 구글을 비롯한 빅테크 기업들을 상대로 셔먼법 위반을 주장하면서 소송을 제기하고, 플랫폼의 공정한 경쟁을 위한 규제법안의 제정을 추진하기도 했다. 그러나, 백악관으로 다시 돌아온 트럼프 정부가 빅테크 기업들을 상대로 제기된 소송을 지속적으로 추진할지는 의문이다. 특히 바이든 정부는 구글과 페이스북의 회사분할을 청구했지만 트럼프 2기의 친기업적인 시장정책과 양립하기 어렵고 회사분할의 가능성은 단언하기 어렵다. 바이든 정부와 달리 트럼프 2기 정부는 유럽연합의 규제, 특히 독점규제법 위반 과징금 부과를 '불공정한 과세(unfair taxation)'라고 노골적으로 비난하고 있다.

유럽집행위원회는 구글, 페이스북, 아마존과 같은 미국의 첨단 기업들이 유럽 시장을 장악하고 독점적 지위 남용으로 인한 폐해가 크다고 보고 다양한 시정조치와 엄청난 규모의 과징금을 부과했다. 미국 법원은 증거 부족을 이유로 독점규제법 위반을 인정하는 데 아주 신중하고 소극적인 데 반하여,[56] 유럽 법원은 집행위원회의 시정조치와 과징금 처분이 적법하다고 판단한 사례가 많다. 미국의회는 플랫폼 규제에 관한 법안을 폐기했는 데 반하여, 유럽연합 이사회는 「디지털시장법」을 제정해서 더욱 플랫폼 규제를 강화하고 있다.[57] 우연의 일치일지 모르지만 중국도 독점규제법 위반을 이유로 플랫폼에 대한 규제를 강화하기 시작했다.[58] 그러나 중국의 규제는 시장의 경쟁질서를 시정하는 것보다 공산당의 권위에 대한 도전을 차단하기 위한 것이라고 평가되고 있다. 알리바바의 창업자 '마윈(Jack Ma)'이 중국 당국의 규제 시스템을 비난한 직후 알리바바에 대한 조사가 본격화되고 과징금이 부과되었다.[59]

우리나라의 시장현실을 보면 네이버, 카카오, 쿠팡과 같은 토종 플랫폼들이 미국 플랫폼들과의 경쟁에서 상당히 선전하고 있다. 그러나 우리나라의 토종 플랫폼 기업들은 미국의 거대 플랫폼들과 달리 해외 진출에는 커다란 성공을 거두지 못해서 상대적으로 소규모의 플랫폼에 불과한 실정이다. 이러한 시장현실 속에서 우리 공정거래위원회는 플랫폼 규제를 강화하고 있고, 국회의원들은 입법경쟁이라도 하듯이 플랫폼 규제를 위한 법안들을 마구 제출하고

---

56 https://www.nytimes.com/2021/06/28/technology/facebook-ftc-lawsuit.html.

57 플랫폼 독점 종식 법(Ending Platform Monopolies Act), 미국 혁신 및 선택 온라인 법률(The American Innovation and Choice Online Act), 플랫폼 경쟁 및 기회법(Platform Competition and Opportunity Act), 경쟁 및 호환 촉진을 위한 서비스전환 지원법(Augmenting Compatibility and Competition by Enabling Service Switching Act) 모두 폐기.

58 https://www.nytimes.com/2021/04/09/technology/china-alibaba-monopoly-fine.html.

59 https://www.reuters.com/business/chinas-ant-group-become-financial-holding-company-central-bank-2021-04-12/.

있다. 우리나라에서의 플랫폼 규제는 유럽에서처럼 미국 거대 플랫폼을 규제하기 위한 것도 아니다. 유럽은 전세계에서 가장 많은 규제를 하고 있지만 첨단기업을 탄생시킬 수 있는 친기업환경을 만들지는 못했고 유럽의 기술은 여전히 낙후되어 있다. 우리나라에서의 플랫폼 규제가 중국에서처럼 정부의 권위를 지키기 위한 규제라거나 정치인들의 힘 자랑의 결과물이 될 수는 없다. 플랫폼 규제가 무엇을 위한 규제인지 궁극적으로 기술혁신과 소비자후생의 증가에 기여할 수 있는지 심각하게 고민해보아야 할 문제이다.

챗GPT가 세계를 놀라게 한지 1년이 지나면서 다시 한번 전세계 시장이 커다란 변화를 경험하고 있다. 인공지능을 활용한 MS 검색엔진 '빙(Bing)'은 시장점유율을 늘려가고 있는 반면에 구글의 지배적 지위는 위협받고 있다. 챗GPT도 검색서비스를 시작했고 중국은 저렴한 비용으로 가성비 좋은 인공지능 딥시크(DeepSeek)를 개발해서 다시 한번 시장에 커다란 충격을 던져주었다. 이제 플랫폼 규제보다 인공지능의 활용에 더 많은 관심이 쏠리고 있는 이유가 바로 여기에 있다. 2023년에 바이든 대통령은 인공지능의 급속한 대중화에 대응하기 위하여 주로 프라이버시 및 인권의 보호, 사회안전의 확보 그리고 인공지능의 기타의 위험을 규제하는 것을 주된 내용으로 하는 행정명령을 내린 바 있다. 그러나 2025년 1월에 취임한 트럼프 대통령은 바이든 대통령의 AI 행정명령을 철회한 후, "인공지능 분야에서 미국의 리더십을 가로막는 장벽 제거"라는 제목의 자체 행정명령("AI 행정명령")[60]을 내렸다. 새로 나온 AI 행정명령

60 AI Executive Order "Removing Barriers to American Leadership in Artificial Intelligence" https://www.whitehouse.gov/presidential-actions/2025/01/removing-barriers-to-american-leadership-in-artificial-intelligence/.

은 "이념적 편견이나 사회적 의제로부터 자유로운 AI 시스템을 개발하며", "AI 분야의 글로벌 리더로서 미국의 입지를 공고히 하는 것"을 목표로 설정하고, AI 정책목표를 달성하기 위해 백악관에 'AI 및 암호화폐 특별보좌관'을 신설했다. AI 및 암호화폐 특별보좌관은 올 7월 22일까지 '미국의 글로벌 AI 지배력'을 달성하기 위한 실행 계획을 수립해야 할 책무와 역할을 갖고 있다. 트럼프 2.0의 경제발전 및 국가안보에 관한 절실하고 결연한 입장을 보여주는 대목이다.

트럼프 2.0은 인공지능의 리더십을 확보하기 위하여 규제철폐를 선언한 반면에, 미국 밖의 국제무대는 소비자의 시각에서 인공지능 규제에 더 많은 관심을 갖고 있다. 2023년에 인공지능 정상회의(AI Summit)가 런던에서, 2024년에는 서울에서 그리고 2025년에는 파리에서 열렸다. 참석국의 지도자들은 대부분 인공지능이 초래하는 위험과 위협에 초점을 맞추고 국제적인 규제의 필요성을 강조했다. 대부분의 국가들은 인공지능이 기업의 생산성을 향상시켜준다는 것을 잘 알고 있고 우크라이나가 군사대국 러시아의 침공에 대항하여 버틸 수 있는 것도 인공지능 장비 덕분이라는 것은 모두 인정하고 있다. 그러나 대부분의 국가들은 소비자의 시각에서 인공지능으로 인한 실업자 증가 그리고 무엇보다 미국 인공지능 기술에 영원히 종속될지 모른다는 불안감을 갖고 있는 것도 사실이다.

2025년에 파리에서 개최된 인공지능 정상회의는 규제에만 머물지 않고 인공지능을 통한 경제적 기회 창출을 논의했다는 점에서 약간의 변화를 보여주었다. 정상회의를 주최한 마크롱(Emmanuel Macron) 프랑스 대통령은 프랑스에 원자력 및 청정 에너지가 풍부해서 AI 인프라에 이상적인 환경을 제공한다는 점을 강조하면서 프랑스에 인공지능 관련 투자를 촉구했다. 그러나 인공지능 정상회의에 참석한 밴스 미국 부통령은 유럽연합의 과도한 규제를 비난하면서 파리 인공지능 정상회의 공식 성명에 서명하지 않았다.

미국 정부도 인공지능의 수익창출에 시간이 걸리고, 휴머노이드라거나 자율주행자동차와 같은 AI 기반 단말기를 대중화하는 데 상당한 투자가 필요하다는 것을 잘 알고 있다. 트럼프 2.0은 인공지능 규제 대신 인공지능 투자를 선택했다. 트럼프 대통령은 소프트뱅크 손정의 회장을 비롯한 투자기업 대표들과 함께 2025년부터 임기 4년간 700조 원($500b)을 투자하여 AI 중심 데이터센터를 포함한 AI 인프라를 구축하는 스타게이트 프로젝트(Stargate Project)를 발표했다. 이 프로젝트의 명칭은 새로운 세상으로 나가는 관문을 보여주는 영화 '스타게이트'에서 유래한 것이다. 그 투자 규모와 영향을 생각해보면, 원자폭탄을 개발하기 위하여 제2차 세계대전 중에 추진한 맨해튼 프로젝트(Manhattan Project)에 비교된다. 스타게이트 프로젝트는 인공지능 모델을 훈련시키기 위한 대규모 데이터센터를 구축하고 새로운 상업용 및 군사용 AI 기반 기기를 연구개발하여 궁극적으로 미국의 인공지능 리더십을 확보하고 국가안보를 확고히 하기 위한 것이다.

유럽연합은 미국이 주도하고 있는 인공지능에 대한 규제를 강화해야 한다는 입장을 취하고 있다. 그러나, 규제 강화의 입장을 취하면서도 유럽집행위원회는 인공지능 훈련을 지원하기 위하여 4개의 AI 기가팩토리 구축에 약 30조 원(€20b)을 포함한 300조 원(€200b) 규모의 인공지능투자펀드(InvestAI)를 출범시켰다. 집행위원회가 주도하여 300조 원을 투자하더라도 인공지능의 발전에는 한

계가 있다. 시장에서 치열하게 경쟁하는 기업들이 투자와 열정을 쏟아부을 때 비로소 유럽에도 미국 기업과 경쟁할 수 있는 인공지능 기업이 탄생할 수 있을 것이다. 그러나 유럽의 인공지능 스타트업 기업들은 유럽 이사회가 채택한 인공지능법(AI Act)이 기술 개발의 발목을 잡아서 미국 및 중국 스타트업 기업에 비해 경쟁력이 떨어질 것이라고 우려하고 있다. 유럽의 인공지능법은 2024년 8월에 제정된 세계 최초의 인공지능 규제로서 2025년 2월부터 효력을 발생하기 시작했고 2026년 8월부터 고위험(high -risk) 인공지능에 대한 엄격한 규제를 전면적으로 시행하게 된다. 유럽집행위원회는 인공지능법을 채택한 다음 날 구글, MS, 페이스북, 틱톡, 트위터(X)에 생성형 AI의 위험을 어떻게 통제하고 있는지 자세히 설명할 것을 요청했다. 미국의 첨단기업들은 유럽 인공지능법의 규제에 대응할 수 있는 여유가 있는 데 반하여 오히려 유럽의 토종 스타트업 기업들은 기술혁신과 사업 자체에 상당한 우려 내지 위협을 느낄 수 있다.

유럽연합의 인공지능법이 모든 회원국들의 지지를 받고 있는 것은 아니다. 유럽연합에서도 프랑스는 미스트랄AI(Mistral AI)와 같은 자국의 인공지능 기업을 보유하고 있기 때문에 인공지능법의 지나친 규제에 상당한 반대를 해왔다. 프랑스의 마크롱 대통령은 적극적으로 기술혁신을 촉진하는 법정책을 펼치면서, 구글과 메타 등 첨단기업의 AI 연구센터 및 의사결정센터 등을 유치하였고 '프랑스 2030(France 2030)'의 투자 기금 중 3조 8천억 원(€2.5b)을 AI산업에 투자할 예정이다. 프랑스는 유럽의 인공지능법이 자국의 인공지능 기업의 발전과 기술혁신을 저해할 수 있다는 우려를 분명히 했고, 기술 자체를 규제하는 것보다는 인공지능 기술의 적용과 활용에서 나타나는 구체적인 부작용을 규제하는 데 그쳐야 한다는 점을 강조하고 있다.

우리의 선택

시장은 시대와 지역마다 다르다. 각 시대와 지역의 시장은 그 구성원들이 선택한 법제도에 의해 만들어지고 가꾸어진 작품이기 때문이다. 그동안 우리나라가 이룩한 경제성장은 우리나라 국민들이 만들고 가꾼 시장경제의 결실이다. 그러나 우리는 이제 잃어버린 20년의 암울한 미래를 보게 될지 아니면 재도약의 길을 찾아갈수 있을지 예측하기 어려운 운명의 갈림길에 서게 되었다. 특히 21세기 인공지능 기술과 시장의 변화로 인하여 우리는 새로운 선택을 해야 할 순간을 맞이했다. 미국과 유럽을 냉정하게 비교해보면서 우리가 선택해야 할 재도약의 길을 찾아가야 할 것이다. 21세기 대한민국이 필요로 하는 시장경제를 만들기 위하여 어떤 법제도를 선택해야 할까?

미국은 정부규제를 자제하고 기업의 자율규제를 원칙으로 기술혁신을 촉진하는 법정책을 채택하고 있는 반면에, 유럽은 집행위원회 등 집행당국을 중심으로 적극적인 시장규제를 해왔고 최근에는 인공지능의 신뢰와 투명성을 확보하기 위하여 인공지능법을 제정하고 강력한 규제를 추가로 도입했다. 유럽은 시장규제를 강화하면서도 인공지능을 비롯한 기술혁신에 많은 재정투입과 민간투자를 추진하고 있다. 그런데 우리나라를 보면 미국이나 유럽에 비하여 투자규모는 보잘 것 없는데 규제는 유럽 이상으로 더 많이 하는 것이 아닌가 하는 우려가 많다.

우리나라는 최근에 인공지능기본법[61]을 제정하여 2026년 1월부터 시행할 예정이다. 인공지능 관련 규제를 위하여 유럽연합의 인공지능법에 이어 세계 두 번째로 제정된 법에 해당한다. 우리 인공지능기본법은 유럽연합의 인공지능법을 모방하여 많은 규제를 내포하고 있어서 상당한 우려가 제기되고 있다. 미국과 중국은 자율적인 규제를 중심으로 인공지능 기술의 발전을 촉진하고 있는 데 반하여, 유럽연합과 우리나라는 추가적인 규제로 인공지능 기술의 격차를 더 크게 벌어지게 만들 위험에 직면하게 되었다. 네이버와 같이 생성형 AI 모델을 개발하면서 미국과 중국의 빅테크를 추격하려고 하는 토종기업들의 노력과 투자에 찬물을 끼얹는 것이 아닌가 하는 우려가 현실로 나타나고 있다.

우리 인공지능기본법은 인공지능의 투명성과 안전성을 확보하기 위하여 기업들에 대하여 과도한 의무를 부과하고 있다. 인공지능사업자는 '고영향 인공지능'이나 '생성형 인공지능'을 이용한 제품 또는 서비스를 제공하려는 경우에, 자사 제품이나 서비스가 인공지능에 기반하여 운용된다는 사실을 이용자들에게 사전에 고지하여야 한다.[62] '고영향 인공지능'은 사람의 생명, 신체의 안전 및 기본권에 중대한 영향을 미치거나 위험을 초래할 우려가 있는 인공지능을 뜻한다. 그러나 '고영향 인공지능'의 개념이 추상적이고 모호하기 때

61 인공지능 발전과 신뢰 기반 조성 등에 관한 기본법 (법률 제20676호, 2025. 1. 21. 제정, 2026. 1. 22. 시행).

62 인공지능 발전과 신뢰 기반 조성 등에 관한 기본법 제31조.

문에 인공지능사업자들이 개발하거나 이용하려고 하는 모든 인공지능이 '고영향 인공지능'에 해당한다고 볼 여지도 있다. 개념의 모호성과 규제의 불확실성으로 인하여 기업들은 적극적인 투자를 꺼리고 크게 위축받고 있다.

인공지능기본법에 의하면, 생성형 인공지능을 개발하여 제공하는 '인공지능개발사업자' 또는 생성형 인공지능을 이용한 제품이나 서비스를 제공하는 '인공지능이용사업자'는 그 결과물이 생성형 인공지능에 의하여 생성한 것이라는 사실을 표시하여야 한다. 챗GPT, 코파일럿(Copilot), 제미나이(Gemini), 클로바X 등의 생성형 인공지능이 대중화된 오늘날 결과물이 생성형 인공지능에 의하여 생성된 것이라는 사실을 표시할 필요가 있는지는 의문이다. 이제 생성형 인공지능에 의하여 생성된 결과물이 대부분의 드라마·영화·웹툰·게임 등 콘텐츠의 전부 또는 일부를 구성할 것으로 예상된다. 인공지능기본법에 규정된 표시의무가 우리 콘텐츠산업 그리고 한류문화산업의 발전에 걸림돌이 될 수 있다. 그리고 인공지능개발사업자는 생성형 인공지능을 개발하여 제공하는 데 그치고 결과물의 생성을 직접적으로 통제할 수 없는 경우가 많을텐데 표시의무를 이행하는 것이 현실적으로 가능한지도 의문이다.

인공지능기본법은 인공지능을 이용하여 생성한 결과물이 딥페이크인 경우와 예술적·창의적 표현물인 경우를 구별하여 고지 또는 표시방식을 달리할 수 있다고 규정하고 있는데, 딥페이크와 예술적·창의적 표현물을 구별할 수 있는지 그리고 구별한다면 그 구별기준은 무엇인지도 의문이다. 딥페이크가 성폭력에 해당하면 성폭력처벌법에 의하여, 딥페이크가 명예훼손에 해당하면 형법에 의하여, 딥페이크의 인터넷상의 규제에 관하여는 정보통신망법[63]에 의하여 규제되고 있다. 인공지능에 의하여 생성된 딥페이크도 기존의 규제로 충분하고, 명백한 규제공백이 발견된 경우에도 기존의 법제도를 개정하여 대응하는 것이 바람직하다. 또한, 인공지능에 의하여 생성된 결과물은 '콘텐츠산업진흥법'이 정한 콘텐츠에 해당할 것이다. 콘텐츠산업진흥법은 이미 콘텐츠 표시 및 표준화에 관한 상세한 규정을 두고 있다. 인공지능기본법의 규제 내용의 상당부분은 콘텐츠산업진흥법에서 통일적으로 규율해 나가는 것이 바람직하다.

인공지능기본법 이외에도 우리 토종 인공지능 기업들의 기술혁신에 걸림돌이 되고 있는 국내법이 상당수 있다. 인공지능은 방대한 데이터의 학습과 훈련에 의하여 그 위력을 발휘할 수 있다. 미국과 유럽은 데이터센터의 구축을 촉진하기 위하여 재정적, 행정적 지원을 하고 있다. 그러나 우리나라는 오히려 데이터센터의 규제에 앞장서고 있다. 데이터센터는 많은 전력을 소비하는 시설에 해당하는데, 2024년부터 시행된 '분산에너지활성화특별법'은 사업 인허가 신청 3개월 전에 대행자를 통해 '전력계통영향평가'를 실시해야 한다고 규정하고 있고, 더불어민주당 박상혁 의원이 대표발의한 전기통신사업법 개정안은 일정 규모 이상 데이터센터를 구축할 때 지역주민 의견을 반드시 청취하고 주민 의견이 타당하다고 인정될 때는 이를 반영하도록 노력해야 할 의무를 규정하고 있다. 미국의 일론 머스크(Elon Musk)는 4개월만에 데이터센터를 구축하고 새로운

63 성폭력처벌법은 '성폭력범죄의 처벌 등에 관한 특례법,' 정보통신망법은 '정보통신망 이용촉진 및 정보보호 등에 관한 법률'의 약칭임.

인공지능 챗봇 '그록(Grok)3'를 개발했는데, 우리나라의 국내법과 의원입법은 데이터센터에 관한 님비현상을 부추기고 국내 기업들의 데이터센터 구축을 억제하고 있다. 데이터센터에도 전자파 괴담이 나오는 우리 현실이 너무 한심하기도 하지만 그러한 괴담을 이용하여 각종 규제를 만들려고 하는 무책임한 정치인들이 우리나라 시장경제를 파괴하고 있다.

우리나라는 인공지능에 필요한 데이터의 수집과 이용이 세계에서 가장 어려운 나라에 속한다. 개인정보보호법은 데이터 가운데 개인정보를 보호하고 있는데 유럽연합 이상으로 철저히 개인의 동의를 요구하고 있다. 인공지능이 인터넷에 공개된 개인정보를 수집해서 이용하는 경우에도 그 이용목적에 따라 법위반 대상으로 규제받을 수 있다. 미국은 프라이버시 침해에 해당하는 데이터의 수집과 이용에 한하여 규제를 하기 때문에 개인의 구체적인 동의가 없더라도 인공지능에 의한 개인정보의 분석 및 이용범위가 비교적 넓게 인정되고, 인공지능이 인터넷에 공개된 개인정보를 수집해서 분석하고 활용하는 것이 비교적 자유롭다. 우리나라 개인정보보호법의 경직된 규제는 국내 토종 인공지능 기업들이 데이터 부족으로 기술혁신에 애로를 겪는 주된 배경이 되고 있다.

저작권법은 데이터 가운데 저작물을 보호하고 있는데 인공지능에 의한 데이터의 수집과 분석이 저작권 침해에 해당하는지 공정이용(fair use)에 해당하는지에 대하여 명확한 기준을 제시해주지 못하고 있다. 미국에서 뉴욕타임즈가 챗GPT를 상대로 그리고 작가들이 스태빌리티AI을 상대로 저작권 침해의 소송을 제기한 것처럼 인공지능에 의한 데이터의 수집과 분석은 저작권 침해에 관한 분쟁을 초래할 수 있다. 다만 미국에는 공정이용에 관한 판례가 잘 발달되어 있어서, 인공지능에 의한 데이터 수집과 분석이 공정이용에 해당되는지의 문제로 귀착될 것이다. 유럽에서는 '디지털 단일 시장에서의 저작권에 관한 지침'을 채택하면서 연구기관이나 문화기관이 과학적 연구를 목적으로 텍스트 또는 데이터를 마이닝하는 것을 허용하고 연구기관이나 문화기관에 해당하지 않는 인공지능 기업들이 데이터를 수집, 분석하는 것은 저작권자가 옵트아웃할 수 있는 조건하에서 허용하고 있다. 미국과 달리 우리나라에는 공정이용에 관한 판례도 거의 없는 형편이고 또한 유럽과 달리 우리나라에서는 인공지능에 의한 데이터의 수집과 분석이 저작권 침해에 해당하지 않는다고 하는 내용의 저작권법 개정안이 수년간 국회에서 논의만 되고 있을 뿐이다. 따라서, 우리나라 인공지능 기업들은 미국이나 유럽의 경쟁사들에 비하여 뉴스, 이미지, 음원 등의 저작물 데이터를 수집하고 분석하는 데 커다란 어려움을 겪고 있고 뒤쳐질 수밖에 없는 실정이다. 우리 저작권법의 경직된 규정으로 인하여 국내 토종 기업들은 저작권 침해의 책임을 피하기 위해 정확도가 떨어지고 오래된 데이터로 인공지능을 훈련하거나 이미 해외에서 훈련된 인공지능 모델을 가져오도록 강요받고 있는 셈이다.

인공지능의 미래를 이끌어 가는 원동력은 첨단기업들의 열정과 투자 그리고 피나는 노력이다. 정치인들이나 정부관료들이 자신의 어설픈 판단을 기업들에게 강요하거나 기업들을 가르치려고 한다면 우리나라 인공지능의 미래는 없고 우리나라의 시장은 조선시대처럼 낙후된 시장으로 전락할 것이다. 유럽의 독점규제 및 인공지능 규제를 거의 모방하는 방식의 법정책으로 정부규제 위주의 시장질서를 채택하면 우리나라의 토종기업이 세계적인 챔피언이 되는 것을 기대하기는 어려울 것이다. 인공지능 시대의 시장은 자본과 데이터가 가장 중요한 무기가 되고 있는 전쟁터와 같다. 또한, 전쟁은 국제적인 차원에서 일어나고 있기 때문에, 인공지능 시대의 시장은 국제적인 차원의 협약이나 규범이 마련되지 않는 한 특정 국가의 국내법에 의한 규제는 커다란 의미를 가질 수도 없다. 국제규범이 마련되지도 않은 시점에서 우리만 스스로 발을 묶어놓고 토종기업들로 하여금 전쟁터에서 잘 싸우길 바라는 것처럼 어리석은 법정책은 없을 것이다. 우리나라는 미국이나 유럽 및 중국에 비하여 자본도 부족하고 데이터도 형편없이 부족하다. 정치지도자 및 정부가 해야 할 일은 기업들로 하여금 부족하지만 자본과 데이터를 최대한 효율적으로 동원하여 국제적으로 경쟁력있는 기술을 개발할 수 있는 환경을 마련해주는 것이다. 규제완화로 토종기업들의 투자의욕을 다시 살리고, 개인정보보호법과 저작권법의 개정으로 데이터를 널리 이용할 수 있는 시장질서를 함께 만들어갈 수 있게 되길 바란다.

저자소개

정상조 교수는 서울대 법대를 졸업하고 영국 런던정경대학에서 법학박사학위를 취득한 후 서울대 법대 교수로 31년간 지적재산권법 연구와 강의를 했고 정년퇴임하여 현재 명예교수로서 한국과학기술한림원 정회원 및 로앤테크연구소 소장으로 활동하고 있다. 학술면에서는 특허, 저작권, 상표, 부정경쟁방지, 독점규제, 인터넷 등에 관한 논문과 단행본을 저술한 바 있고, 하바드 로스쿨과 워싱턴 로스쿨에서 한국법 강좌를 그리고 듀크 로스쿨과 조지타운 로스쿨에서 한국지적재산권법 강좌를 맡아서 강의한 바 있다. 학술활동으로는 서울대 기술과법센터장 및 한국게임법과정책학회장으로서 관련 세미나 및 연구프로젝트를 추진한 바 있다. 행정면에서는 서울대학교 법과대학장 및 법학대학원장으로 그리고 대외활동으로 국가지식재산위원회 민간위원장으로 정부의 정책입안 및 운영에 관한 지원활동을 수행한 바 있다.

시장과 기술혁신

초판발행 2025년 8월 15일

지은이 정상조
펴낸이 안종만·안상준

편 집 이승현
기획/마케팅 조성호
표지디자인 권아린
제 작 고철민·김원표

펴낸곳 (주) 박영사
서울특별시 금천구 가산디지털2로 53, 201호(가산동, 한라시그마밸리)
등록 1959. 3. 11. 제300-1959-1호(倫)
전 화 02)733-6771
f a x 02)736-4818
e-mail pys@pybook.co.kr
homepage www.pybook.co.kr
ISBN 979-11-303-4977-0 94360
979-11-303-2631-3 (세트)

정 가 22,000원